Ute Horn
Als das Leben stehen blieb
Meine Erfahrungen an der Schwelle des Todes

Ute Horn

# Als das Leben stehen blieb

Meine Erfahrungen an der Schwelle des Todes

# SCM

Stiftung Christliche Medien

Der SCM-Verlag ist eine Gesellschaft der Stiftung Christliche Medien, einer gemeinnützigen Stiftung, die sich für die Förderung und Verbreitung christlicher Bücher, Zeitschriften, Filme und Musik einsetzt.

Dieses Werk einschließlich aller seiner Teile ist urheberrechtlich geschützt. Jede Verwendung außerhalb der engen Grenzen des Urheberrechtsgesetzes ist ohne vorherige schriftliche Einwilligung des Verlages unzulässig und strafbar. Das gilt insbesondere für Vervielfältigungen, Übersetzungen und die Einspeicherung und Verarbeitung in elektronischen Systemen.

© der deutschen Ausgabe 2015
SCM-Verlag GmbH & Co. KG · Max-Eyth-Straße 41 · 71088 Holzgerlingen
Internet: www.scmedien.de · E-Mail: info@scm-verlag.de

Soweit nicht anders angegeben, sind die Bibelverse folgender
Ausgabe entnommen:
Neues Leben. Die Bibel, © der deutschen Ausgabe 2002 und 2006
SCM R.Brockhaus im SCM-Verlag GmbH & Co. KG, Witten.

Weiter wurde verwendet:
Lutherbibel, revidierter Text 1984, durchgesehene Ausgabe in
neuer Rechtschreibung, © 1999 Deutsche Bibelgesellschaft, Stuttgart.

Umschlaggestaltung: Kathrin Spiegelberg, Weil im Schönbuch
Titelbild und Autorenbild: Sven Lorenz, Essen
Satz: typoscript GmbH, Walddorfhäslach
Druck und Bindung: CPI books GmbH, Leck
Gedruckt in Deutschland
ISBN 978-3-7751-5609-7
Bestell-Nr. 395.609

*Dieses Buch widme ich allen Menschen,
die mich bei meiner schweren Erkrankung 2012 begleitet haben.*

# Inhalt

| | |
|---|---:|
| Gedanken des ältesten Sohnes | 9 |
| Wie eine Vorahnung | 11 |
| 1. Mama, wie heißt du? | 13 |
| 2. Blaukraut bleibt Blaukraut | 17 |
| 3. Eine Hand auf der Schulter | 23 |
| 4. Die Nebelwand | 30 |
| 5. Doch ein Gehirntumor? | 34 |
| 6. Treffpunkt Krankenzimmer | 41 |
| 7. Mama, wovor hast du Angst? | 48 |
| 8. Du darfst nicht sterben! | 53 |
| 9. Von Biskuitrolle bis Brownies | 57 |
| 10. Go for Gold, Mama! | 61 |
| 11. Das Hemd ist immer zu kurz | 69 |
| 12. Wer hat die Macht? | 73 |
| 13. Zwei Boten | 78 |
| 14. Die Delete-Taste | 83 |
| 15. Den Letzten beißen die Hunde | 89 |
| 16. Ein bunter Blumenstrauß | 92 |
| 17. Der letzte Abend | 95 |
| 18. Die Kapelle | 101 |
| 19. Augenzeugen | 107 |

| | |
|---|---|
| 20. Die Raumpflegerin | 111 |
| 21. Getackert | 120 |
| 22. Der postoperative Blues | 122 |
| 23. Verwirrt | 128 |
| 24. Baum, Schule, Jäger | 133 |
| 25. Von Zypern bis Kiel | 137 |
| 26. Bratwurst mit Hindernissen | 141 |
| 27. Schauspiel am Himmel | 144 |
| 28. Josefs Besucher | 148 |
| 29. Abschied nehmen | 153 |
| 30. Erneute Kopfschmerzen | 161 |
| 31. Muğla | 165 |
| 32. Unkraut, ich komme | 168 |
| 33. Schatztruhe | 174 |
| Nachklang | 178 |
| Dank | 181 |
| Weitere Bücher von Ute Horn | 183 |

# Gedanken des ältesten Sohnes

Als Arzt bin ich es gewohnt, mit Krankheiten umzugehen. Tag für Tag muss ich Patienten Diagnosen mitteilen, was mir mal schwerer und mal leichter fällt. Das Wort Tumor, verbunden mit einer notwendigen Operation, löst bei vielen Patienten Panik und großes Unbehagen aus. Ein solches Gespräch ist eine der schwierigsten Aufgaben des Arztberufes, das großes Mitgefühl erfordert und einen nicht unerheblichen Teil der täglichen Arbeit ausmacht. Nichts ist mehr alltäglich oder Routine, wenn es sich dabei um Personen im eigenen Verwandten- und Freundeskreis handelt. Auf einmal kann ich nicht mehr distanziert sein. Es betrifft mich unmittelbar, wenn ich schwere Krankheiten und Operationen in der engsten Familie hautnah miterlebe.

Eine eigene Dynamik und besondere Brisanz kann sich entwickeln, wenn ich mich als Arzt selbst in der Patientenrolle wiederfinde.

Meine Mutter, die selbst auch Medizinerin ist, wurde aus heiterem Himmel am 10.6.2012 plötzlich ins Krankenhaus eingeliefert. Die ganze Familie musste Tage der Ungewissheit und drängende Fragen des Lebens aushalten und bewältigen.

Wie ging meine Mutter mit der Diagnose und der vorgeschlagenen Therapie um? Wie reagierten wir als Familie?

Meine Mutter hat uns sieben Kinder dabei immer wieder einbezogen und uns an ihren Gedanken und Gefühlen teilhaben lassen. Ich bin der erstgeborene Sohn der Familie. Ich habe eine ältere Schwester und nach mir kamen noch fünf Brüder. So unterschiedlich, wie wir Kinder sind, so unterschiedlich waren auch unsere Reaktionen auf die Erkrankung und die Gespräche, die meine Mutter mit jedem Einzelnen führte.

Meine Mutter berichtete während der Zeit von erstaunlichen Erfahrungen, die sie mit anderen Menschen und mit Gott machte. Unsere Besuche bei ihr im Krankenhaus boten trotz aller Ängste und Ungewissheit viele Gelegenheiten für schöne und besondere Momente, die wir als Familie nun teilen. Wir erlebten dabei, dass eine Familie in schwierigen Zeiten intensiver zusammenwachsen kann. Dafür sind wir sehr dankbar.

Als Leser lade ich Sie ein, mit meiner Mutter diese intensive Zeit zu durchleben. Sie ist gleichzeitig Ärztin und Patientin, siebenfache Mutter und Ehefrau, gläubige Christin und ein Mensch wie Sie und ich.

Ich wünsche Ihnen, dass Sie ebenso Mut schöpfen, sich den Krisen in Ihrem Leben oder auch einer eigenen Krankheit zu stellen.

*Ihr Andreas Horn*

# Wie eine Vorahnung

Bildung wurde in meinem Elternhaus immer großgeschrieben. Wenn mein Vater nachmittags von seiner Besuchstour als Landarzt zurückkam, fragte er mich oft als Erstes: »Na, Ute, was hast du heute gelernt?« Überall im Hause gab es Regale mit Büchern, Duden und Enzyklopädien. Und wenn unsere Gäste meinen Vater fragten: »Wie viele von den Büchern haben Sie denn wirklich gelesen?«, antwortete er mit einem Schmunzeln: »Fast alle.«

Als Junge hatte er wegen einer Knieverletzung keinen Sport machen dürfen. So verschwand er in der Welt der Bücher und des Wissens – eine tolle Chance, trotzdem anerkannt zu sein. Und diese Liebe zum Lernen erhielt er sich bis zu seinem Lebensende. Ich kann mich an keine Frage erinnern, die mir mein Vater nicht beantworten konnte. Das heißt nicht, dass er alles wusste, aber er gab nicht auf, bis er endlich die Antwort gefunden hatte. Dazu dienten die vielen Bücher in der Schrankwand. Leider konnte er nicht mehr miterleben, dass man im Internet fast jeden Wissensdurst in Windeseile stillen kann.

»Lernen zu dürfen ist ein Vorrecht«, so die Philosophie meines Vaters, und meistens ergänzte er noch: »Viele Menschen auf dieser Welt würden gerne zur Schule gehen, haben aber keine Chance.«

Mein Vater wurde mein großes Vorbild und so entwickelte ich die gleiche Leidenschaft fürs Lernen, für Wissen und Erkenntnis. Als ich dann selbst Medizin studierte, wollte ich verstehen, wie der Mensch lernt, versteht, behält und warum er so und nicht anders handelt. Ich staunte über unser Gehirn und seine Leistungen.

Eines Tages stellte uns der Professor Krankheiten des Gehirns vor und kam auf die Besonderheiten bei Gehirntumoren zu sprechen. Auch im Gehirn könnten sich gutartige und bösartige Tumoren bilden. Aber die Situation sei hier eine ganz andere als im übrigen Körper. Der Schädelknochen sei starr und ließe keinen Platz für die Ausdehnung einer Geschwulst zu. Somit könnten selbst gutartige Geschwülste oder Blutungen im Kopf lebensbedrohlich werden, wenn sie das Gehirn verdrängen würden.

Nach der Vorlesung war ich niedergeschlagen und dachte: »Was geschieht mit einer Person, wenn ein Tumor oder eine Krankheit das Gehirn verdrängt oder sogar zerstört?« Ich versuchte mich in einen solchen Patienten hineinzuversetzen. Plötzlich leuchteten die Worte meiner Mutter auf. Sie war auch Ärztin und praktizierte mit meinem Vater zusammen. Oft sagte sie: »Ute, die schlimmsten Folgen von Gehirnerkrankungen sind, wenn die Menschen ihre Persönlichkeit verlieren und nicht mehr eigenbestimmt handeln können.« Diese psychischen Auswirkungen von Gehirntumoren hatte der Professor nicht erwähnt, sie beschäftigten mich aber sehr.

Im Laufe des Medizinstudiums hatte ich noch mehr Gelegenheit, mich in die Lage von Patienten mit Schädelhirntraumata und anderen Krankheiten des Gehirns zu versetzen und sie zu betreuen. Es war üblich, sich mit Nachtwachen im Krankenhaus Geld zu verdienen. So arbeitete ich jahrelang ein- bis zweimal in der Woche auf der neurochirurgischen Intensivstation. Dort betreute ich viele am Kopf verletzte Menschen, viele Motorradfahrer, aber auch am Gehirn Operierte. Oft waren sie nicht ansprechbar und lagen im Koma.

Schon damals hoffte ich, dass ich niemals am Gehirn operiert werden müsste. Doch vor zwei Jahren kam es anders...

*Ihre Ute Horn im Juni 2014*

# 1.
# Mama, wie heißt du?

Sonntag, 10. Juni 2012. Gegen 16 Uhr will ich Tomer, den holländischen Freund meines Sohnes Daniel, verabschieden: »Vielen Dank, dass du hier gewesen bist. Du kannst uns gerne jederzeit wieder besuchen.«

Aber die Worte wollen nicht über meine Lippen kommen. Ich gehe kurz in die Küche und suche die Wasserflasche. Vielleicht habe ich zu wenig getrunken, sodass mein Mund trocken ist und meine Zunge mir nicht gehorchen will. Doch auch nach dem Glas Wasser kann ich nicht mehr sprechen und schnappe plötzlich nach Luft.

Hilfe suchend schaue ich in die Augen unseres Sohnes Daniel, der hinter Tomer steht und alles miterlebt. Er reagiert blitzschnell: »Mama, was ist mit dir? Wir gehen ins Wohnzimmer.« Er nimmt mich an der Hand, führt mich den Flur entlang und hilft mir, mich danach auf die Couch zu setzen.

Plötzlich zuckt die linke Seite meines Gesichtes. Daniel ruft: »Papa, komm ganz schnell, mit Mama passiert gerade etwas Furchtbares. Ich weiß nicht was, aber sie kann nicht mehr sprechen.« Mein Mann Thomas, selbst Arzt, schaut mich entsetzt an und holt seinen Koffer, der für Notfälle immer griffbereit ist. Er legt mir die Blutdruckmanschette an, pumpt bis zum höchsten Wert auf und stellt erschrocken fest: »Ich kann keinen Blutdruck messen.«

»Papa, ruf sofort den Notarzt«, ruft Daniel. Mittlerweile rast auch unser jüngster Sohn Benjamin ins Wohnzimmer. Seine Augen sind weit aufgerissen und panisch schreit er: »Was ist mit Mama?« »Wir wissen es nicht«, antwortet Daniel. Ich kann weiterhin kein Wort von mir geben. Das Zucken und Krampfen meiner linken Körperhälfte nimmt weiter zu, aber ich bekomme es nicht richtig mit. Schockzustand!

Im Nebenzimmer telefoniert mein Mann mit dem Notarzt: »Kommen Sie bitte sofort. Meine Frau hat einen epileptischen Anfall, kann nichts mehr sagen und bekommt kaum Luft.« »Mamas linke Wange hängt ganz schlaff herab und ihr Mund ist schief«, sagt Daniel und fragt mich hastig: »Mama, bitte verzeih mir, aber ich muss dir jetzt diese Fragen stellen: ›Wie heißt du? Wann bist du geboren? Welches Datum haben wir heute?‹ Ich kann nicht antworten. Immer wieder versuche ich es, bekomme aber kein Wort heraus. Dann reicht mir mein Mann ein Blatt Papier und Daniel einen Stift. Es gelingt mir nicht, etwas aufzuschreiben. »Mama hält den Stift falsch herum«, ruft Benni. Daniel nimmt mir den Kuli aus der Hand und gibt ihn mir richtig herum wieder. Mit krakeliger Schrift schreibe ich: »Betet für mich.« Daniel entziffert die Worte und ruft: »Papa, darauf hätten wir doch auch selbst kommen können.« Sie beten. Thomas fleht zu Gott: »Bitte, Vater im Himmel, nimm das weg, was Ute hindert zu sprechen. Erbarm dich über sie.« Und Daniel: »Hilf der Mama, beschütze sie. Mach sie wieder ganz gesund.«

Die Notärztin ist zusammen mit zwei Rettungssanitätern in sieben Minuten vor Ort. Sie misst den Blutdruck und pumpt die Manschette bis zum Anschlag auf. »Der Blutdruck ist über 300 mm Hg. Ist ein hoher Blutdruck bei Ihrer Frau bekannt?« »Nein«, antwortet Thomas, »seitdem ich sie kenne, und das sind schon 38 Jahre, hatte sie immer einen zu niedrigen Blutdruck.« Die Ärztin legt einen Zugang in die Vene und spritzt ein Mittel gegen zu hohen Blutdruck, danach bekomme ich eine Infusion.

Plötzlich kann ich wieder sprechen: »Ich will nicht ins Krankenhaus. Da war ich schon so oft.« »Ehrlich gesagt interessiert das hier jetzt niemanden, was Sie wollen. Sie haben eine hypertensive Krise[1] und die muss abgeklärt werden. Wir fahren Sie jetzt auf schnellstem Wege ins Klinikum. Die diensthabenden Ärzte wissen schon Bescheid und warten auf Sie.« Auch unser Sohn Pascal steht auf einmal im Wohnzimmer und sieht mich fassungslos an: »Was ist denn hier los? Wieso sagt mir denn niemand etwas?«

Sein Zwillingsbruder Marcel taucht im Türrahmen auf. »Was geht denn hier ab? Ich wollte nur meine Sportsachen holen, um mit einem Freund ins Fitnessstudio zu gehen. Da sah ich von der Straße aus den Krankenwagen. Ich dachte, dass der Notarzt wieder für unseren Nachbarn angefordert wurde. Wieso denn für Mama? Was ist passiert? Ich kann doch jetzt nicht trainieren!«

»Wir wissen es auch nicht genau. Mama konnte auf einmal nicht mehr sprechen und hat so komisch gezuckt. Ihr Blutdruck scheint verrücktzuspielen«, erklärt Benjamin. Man schnallt mich auf eine Liege und bringt mich in den Krankenwagen. Tomer fragt entsetzt: »Sind wir schuld, dass Frau Horn jetzt einen epileptischen Anfall hat? War es zu viel für sie, mich und meine Freunde ein ganzes Wochenende zu bewirten?«

Daniel wollte eigentlich mit seinen Freunden im Auto zum Studienort zurückfahren. An der holländischen Grenze wollten sie um 18 Uhr in einer Kneipe noch zusammen das Spiel der Fußballeuropameisterschaft, »Spanien gegen Italien«, anschauen. Doch als ich in den Krankenwagen geschoben werde, sagt Daniel zu mir: »Mama, ich komme vorne im Krankenwagen mit. Ich kann jetzt nicht nach Holland mitfahren. Ich muss erst wissen,

---

[1] Eine hypertensive Krise ist eine Krise, die durch einen zu hohen Blutdruck ausgelöst wird.

was mit dir los ist.« Dann ertönt das Martinshorn und es geht per Blaulicht in die vier Kilometer entfernt liegende Klinik.

Thomas rast mit dem eigenen Auto hinterher. In all der Aufregung vergisst er zu fragen, ob unsere drei noch zu Hause wohnenden Kinder auch mitkommen wollen. Es wäre für sie leichter gewesen. Nun sind sie allein. Jeder verkriecht sich in sein Zimmer und versucht, sich abzulenken. Was wird aus Mama?

# 2.
# Blaukraut bleibt Blaukraut

In der Notaufnahme warten schon der diensthabende Neurologe, eine Assistenzärztin und eine Krankenschwester auf mich. Daniel hält meine Hand. »Ein vertrautes Gesicht an meiner Seite. Was tut das gut!« Dann kommt auch Thomas dazu. Er musste noch einen Parkplatz suchen.

Der Neurologe stellt einige Fragen: »Was ist passiert? Können Sie sich an alles erinnern?« »Ja«, erwidere ich. »Ich habe alles miterlebt, hatte keinen Blackout. Aus heiterem Himmel konnte ich nichts mehr sagen, nur schwer atmen und fing an, im Gesicht zu zucken.« »Sprechen Sie mir mal nach: ›Blaukraut bleibt Blaukraut und Brautkleid bleibt Brautkleid.‹« »Blaukraut bleibt Blaukraut und Brautkleid bleibt Brautkleid«, wiederhole ich den Zungenbrecher. Ich muss mich gut konzentrieren, das Sprechen fällt mir schwer und ich bin selbst überrascht, dass ich mich nicht verhaspele. »Das geht ja schon wieder ganz gut«, kommentiert der Arzt. »Wir müssen ein MRT[2] vom Kopf machen, um zu sehen, was passiert ist. Es ist schon angemeldet.«

Mir wird etwas mulmig. Ich bekomme in engen Räumen leicht Angst und ganz besonders in der »Röhre«. Daniel schiebt mich bereitwillig in die Röntgenabteilung. Dort muss ich vom Rollstuhl auf die Liege umsteigen und werde mit dem Kopf zuerst ins MRT gefahren. Ich flehe zu Gott, dass meine Raumangst vergeht und ich es aushalten kann, den Notknopf fest in meiner Hand.

---

2  Die Magnetresonanztomografie (MRT), auch Kernspintomografie genannt, erzeugt Schnittbilder des menschlichen Körpers.

Die Schwester erklärt, dass ich ihn jederzeit drücken kann. Dann beginnen die klopfenden Geräusche und umkreisen von allen Seiten mein Gehirn. Nach 15 Minuten habe ich die Untersuchung endlich überstanden und atme auf. Thomas rennt mit weit aufgerissenen Augen herein: »Du hast eine sehr große Gehirnblutung von 3 x 3,6 Zentimetern. Sie müssen noch Kontrastmittel spritzen. Du musst noch mal für fünf Minuten in die ›Röhre‹«. Noch bevor ich widersprechen und nachfragen kann, bin ich schon wieder drin. Zum Glück sind es wirklich nur fünf Minuten.

Der Neurologe kommt und schaut mir in die Augen: »Frau Horn, Sie haben eine große Gehirnblutung im rechten Schläfenlappen, wahrscheinlich infolge einer hypertensiven Krise, wodurch ein epileptischer Anfall mit vorübergehendem Sprachverlust aufgetreten ist. Wir bringen Sie jetzt auf die Intensivstation zur Überwachung und um 23 Uhr machen wir noch ein CT[3], um einen Gehirntumor auszuschließen.«

Bei dem Stichwort Gehirntumor läuft es mir kalt den Rücken hinunter. Kann das sein? Diese Worte hallen in mir nach: »Gehirntumor ausschließen«, aber irgendetwas in mir wehrt sich dagegen, diese mögliche Diagnose zu akzeptieren. Bitte, doch nicht ich. Tausend Gedanken schießen mir durch den Kopf. Wieso habe ich in letzter Zeit so oft gehört, dass Menschen einen Gehirntumor haben?

Allein in unserer kleinen Kirchengemeinde gab es vier Fälle, dazu unsere Nachbarin und der Gastvater unseres Sohnes in Amerika. Zwei verstarben innerhalb von sechs Monaten. In den 58 Jahren zuvor habe ich nie von Gehirntumoren gehört, obwohl ich in einem Arzthaushalt groß wurde. Liegt es daran, dass man sie heute durch neue Verfahren einfach besser darstellen kann

---

[3] Die Computer-Tomografie (CT) ist eine Röntgen-Untersuchungsmethode, mit der detaillierte Bilder vom Körperinneren erstellt werden.

als früher? Oder dass man heute eher über Krankheiten spricht und sie deshalb viel präsenter sind?

Schnell bringt man mich auf die Intensivstation und schließt mich an alle möglichen Geräte an. Mein Herzschlag und Blutdruck werden ständig überwacht, man hängt eine Infusion an. Dann folgt aufgrund des epileptischen Anfalles noch ein EEG[4]. Mein Mann und Daniel fahren kurz nach Hause, um die nötigste Kleidung und einen Kulturbeutel zusammenzupacken und den daheim gebliebenen Kindern erste Auskünfte zu geben. Als die beiden wiederkommen, reicht mir Daniel das Spiel Topwords, eine Art Scrabble, mit den Worten: »Dafür scheinst du ja jetzt viel Zeit zu haben.« Wir müssen beide lachen. Meine Sprache ist wieder vollständig da und jeder wundert sich, dass ich bei der großen Gehirnblutung nicht mehr Ausfälle habe. Wir informieren noch sehr gute Freunde und bitten sie mitzubeten, dass alles gut ausgehen möge. Immer wieder schauen wir auf die MRT-Bilder, die an der Schautafel hängen. Wir können es einfach nicht fassen.

Im Krankenzimmer rekapituliere ich abends noch einmal das Wochenende. Unser Sohn Daniel studierte zu der Zeit in Leiden im dritten Jahr Medizin und hatte seine komplette Fußballmannschaft für ein Wochenende zu uns eingeladen. So reisten vierzehn Studenten und eine Studentin am Freitagabend bei herrlichstem Sonnenwetter an. Das Haus füllte sich mit Schlafsäcken, Rucksäcken und holländischem Stimmengewirr. Wir waren als Deutsche eindeutig in der Minderzahl. Die Fußballeuropameisterschaft wurde vom 8. Juni bis zum 1. Juli 2012 in Polen und der Ukraine ausgetragen, ein willkommener Anlass, ein »Freundschaftsspiel Deutschland gegen die Niederlande« in Krefeld zu organisieren.

---

[4] Die Elektroenzephalografie (EEG) ist eine Methode zur Messung der elektrischen Gehirnströme.

Vorfreude machte sich breit, als sie am nächsten Morgen zusammen auf den Sportplatz zogen, um auf ihre deutschen Gegner zu treffen. Daniel spielte eine Halbzeit bei den Holländern mit und eine bei den Deutschen, die sein Bruder Benjamin mobilisiert hatte. Ein spannendes Spiel! Einige Schaulustige blieben stehen, um die beiden Mannschaften zu bewundern, und fragten sich, wo die vielen orangefarbigen Trikots herkämen und ob darin wirklich Niederländer stecken würden. Unsere Gäste mussten sich leider geschlagen geben, aber sie nahmen es mit Humor. Abends sahen alle zusammen im Fernsehen das Spiel »Niederlande gegen Dänemark«. Mit der Hand auf dem Herzen schmetterten die jungen Leute in unserem Wohnzimmer stehend und aus voller Kehle die Nationalhymne der Niederlande. Alle waren für Holland, doch leider nutzte alles Anfeuern nichts. Dänemark gewann gegen die Niederlande mit 1:0. Der Tag endete beim Public Viewing in der Stadt, bei dem Portugal gegen die Deutschen 0:1 verlor.

Am nächsten Tag kickten die Fußballer im Garten weiter. Nach einem typisch deutschen Essen – es gab Rinder- und Schweinebraten mit Klößen und Rotkohl – ging das schöne Wochenende zu Ende. Es war eine rundherum gelungene Aktion. Alle halfen noch aufzuräumen, bis sich Auto für Auto wieder zur Abreise fertig machte. Ich hatte das Wochenende genossen und konnte mir keinen Reim darauf machen, warum mein Blutdruck so eskaliert war. Obwohl ich selbst Ärztin bin, hatte ich noch nie von einem Blutdruck über 300 mm Hg gehört.

Um 23 Uhr werde ich dann ins CT gefahren. Anspannung liegt in der Luft. Minuten der Ungewissheit folgen. Wird die Zusatzuntersuchung doch noch zeigen, dass ich einen Gehirntumor habe? Dann zunächst mal Entwarnung. Die begutachtenden Ärzte sind sich einig: »Kein Gehirntumor!« Alle atmen auf. Was für eine erleichternde Nachricht. Der Neurologe stellt die Diag-

nose: »Hypertensive Krise durch zu viel Stress am Wochenende, daraufhin eine Gehirnblutung, was zu einem epileptischen Anfall mit vorübergehendem Sprachverlust führte.«
In mir wehrt sich alles. »Meinen Sie damit, dass ich die Gehirnblutung selbst provoziert habe, weil ich zu viel gearbeitet habe?«, frage ich den Arzt. »Nein, das habe ich so nicht gesagt. Aber Stress kann ein Auslöser für hohen Blutdruck sein.« Bei dieser Diagnose muss ich an die jungen Holländer denken. Wie werden sie damit umgehen, wenn sie die Erklärung des Arztes hören? Werden sie sich selbst schuldig fühlen? Wieder denke ich etwas bockig: Ich war nicht gestresst von dem Wochenende. Ich bitte Daniel, seine niederländischen Freunde anzurufen und ihnen zu versichern, dass zwischen ihrem Besuch und der Gehirnblutung kein Zusammenhang bestünde. Es sei einfach zeitgleich passiert. »Bitte, macht euch keine Vorwürfe«, lasse ich ihnen ausrichten. Daniel sagt mir kurz daraufhin, dass seine Freunde tatsächlich die ganze Fahrt darüber diskutiert hätten, wie sie meine Gehirnblutung hätten verhindern können und ob es auch passiert wäre, wenn sie nicht für das ganze Wochenende mit so vielen gekommen wären. Es war so wichtig für sie, dass ich ihnen dafür keine Schuld gab. Schon jetzt wird uns bewusst, dass ich Glück im Unglück hatte.

»Ute, stell dir einmal vor, wenn das Ereignis an einem Montagmorgen passiert wäre«, meint mein Mann auf einmal. »Der epileptische Anfall vielleicht gerade beim Aufhängen der Wäsche im Keller! Niemand hätte dich gefunden, wenn du auf den Boden gefallen wärst. Selbst, wenn du noch das Telefon erreicht hättest, wärst du nicht in der Lage gewesen dich zu verständigen.« »Das stimmt«, wird mir bewusst. »Und wenn ich mit den Händen fuchtelnd auf die Straße gelaufen wäre, um einen Nachbarn um Hilfe zu bitten, hätte ich ihm nicht mitteilen können, was geschehen ist.« »Und wie gut, dass es an einem Sonntag passiert ist, an dem Papa und ich da waren und sofort Hilfe holen konnten«, ergänzt Daniel. Es fallen uns noch mehr »Wie gut, dass«-Sätze ein. »Wie gut, dass der Notarzt so schnell da war. Wäre die Hilfe nicht so schnell gekommen, hätten noch größere Schäden durch den hohen Blutdruck entstehen können.« Und zuletzt: »Wie gut, dass ich in einem Land lebe, wo man mir helfen kann.« Wie oft schon habe ich Gott gedankt, dass wir in Deutschland so gute Ärzte haben und so viele Möglichkeiten, behandelt zu werden.

Mit diesen Gedanken verabschieden wir uns voneinander. Was für ein nervenaufreibender Tag! Thomas wirft einen letzten Blick auf die Blutdruckaufzeichnung: »Hoffentlich entgleist der Blutdruck nicht wieder heute Nacht. Zum Glück wirst du auf der Intensivstation rund um die Uhr überwacht.«

# 3.
# Eine Hand auf der Schulter

Montagmorgen. Einen Tag nach der Gehirnblutung. Ich liege weiter auf der Intensivstation. Regelmäßig wird der Blutdruck überwacht. Ein Blutdruckanstieg könnte eine erneute Gehirnblutung auslösen. Außerdem werden EEGs geschrieben. Was sagen die Gehirnströme? Bis jetzt gibt es keine Anzeichen dafür, dass ich weitere epileptische Anfälle zu befürchten habe. Der neurologische Oberarzt möchte eine Lumbalpunktion machen. Bei der Vorstellung, dass dabei Gehirnwasser aus dem Rückenmarkskanal entnommen wird, wird es mir mulmig. »Wir müssen wissen, ob Entzündungszeichen oder Krebszellen im Nervenwasser sind«, erklärt der Arzt. Ich willige ein und die Untersuchung wird durchgeführt. Doch die Ärzte finden keine andere Ursache für die Gehirnblutung als die Entgleisung meines Blutdruckes.

Ich bitte die Verantwortlichen unserer Kirchengemeinde, mich auf der Intensivstation zu besuchen. Ich verspreche mir sehr viel davon, wenn sie für mich beten. In der Bibel steht in Jakobus 5,14: »*Ist jemand von euch krank? Dann soll er die Ältesten der Gemeinde holen lassen, damit sie für ihn beten und ihn im Namen des Herrn mit Öl salben. Ihr Gebet im Glauben an Gott wird den Kranken heilen und der Herr wird ihn aufrichten*« (Luther 84).

Noch am gleichen Abend stellen sich die vier Ältesten unserer Gemeinde um mein Krankenbett, einer zeichnet mit Öl ein Kreuz auf meine Stirn und gemeinsam flehen wir Gott an, dass er mich heilen möge. Nach einer halben Stunde verlassen sie die Intensivstation. »Was ist nur mit mir los?«, wundere ich mich. Ich erkenne

mich selbst nicht wieder. Trotz der gravierenden Diagnose habe ich tiefen Frieden. Thomas ist auch verunsichert und fragt mich zum wiederholten Male: »Hast du wirklich keine Angst?« »Nein!«, antworte ich ihm und er schaut mir dabei tief in meine Augen.
Plötzlich bin ich in meinen Gedanken wieder im gestrigen Gottesdienst. Ich hatte das Ereignis schon vergessen, aber jetzt leuchtet es wieder auf. »Thomas, ich muss dir erzählen, was gestern Morgen passiert ist. Ich saß wie üblich in der ersten Reihe. Du warst noch nicht von der Visite im Krankenhaus zurück. Während Matthias auf dem Klavier Loblieder spielte, lud er ein, dass Älteste gerne für Nöte und Krankheiten beten würden. Außerdem ermutigte er uns, auch füreinander in den Reihen zu beten. Du weißt, dass ich das normalerweise gerne mache. Doch gestern schloss ich einfach die Augen, genoss die wunderschöne Musik und den Gesang. Im Gebet sagte ich Gott: ›Ich bin vom Wochenende und den vielen Eindrücken und Gesprächen noch so erfüllt, dass ich heute nicht für andere beten möchte. Berühre mich bitte neu und schenke mir Kraft.‹ Plötzlich legte sich von hinten eine Hand auf meine Schulter und ich spürte eine wohlige Wärme. Ich freute mich, dass sich offensichtlich jemand aufgemacht hatte, für mich zu beten. Komischerweise hörte ich keine Worte, aber ich genoss die Berührung. Nach einigen Minuten drehte ich meinen Kopf nach hinten, um zu sehen, wer für mich gebetet hatte. Aber niemand war da. Merkwürdig, dachte ich. Ich war mir doch so sicher, dass ich die Berührung gespürt hatte. Dann plötzlich ein Gedanke: Ob das wohl die Hand von Jesus gewesen ist? Mir lief es kalt den Rücken herunter. Meinst du, dass mich Jesus vorbereiten wollte?« »Es ist wirklich seltsam, dass du morgens diese Nähe spürst und nachmittags die Gehirnblutung hast. Vielleicht wollte Gott dir sagen:
›Ich bin mit dir. Auch wenn du durch schwere Zeiten gehst, bin ich dir nahe.‹«

Neun Monate später werde ich mich in einer Veranstaltung von ProChrist[5] erneut an diese Begebenheit erinnern. Als die christliche Popinterpretin Cae Gauntt ans Mikrofon geht und »Du legst mir die Hand auf die Schulter, schaust mich an und bist einfach hier ...«[6] singt, schaudert es mich: »Ja, das habe ich erlebt.« Seitdem gehört dieser Song zu meinen Lieblingsliedern.

Zurück auf die Intensivstation. Bei der Visite frage ich den neurologischen Oberarzt, ob ich wohl am Samstagmorgen wie geplant den Vortrag zum Thema »Freundinnen« halten könne. Er möchte noch abwarten und verschiebt die Entscheidung auf den nächsten Tag. Ich bin immer noch optimistisch, dass ich keine einzige meiner Veranstaltungen werde absagen müssen. Wie naiv von mir! Ich werde für ein halbes Jahr nicht mehr vor Publikum stehen.

Am Dienstagmorgen rät er mir dann, die Veranstaltung zu verschieben. Die Absage fällt mir so schwer, dass es mich am Samstagmorgen kaum im Bett hält. Am liebsten würde ich doch noch hinfahren. Irgendwie fühle ich mich schuldig und die Veranstalter tun mir leid.

Am Mittwoch steigt mein Blutdruck plötzlich wieder an, obwohl ich nur brav in meinem Bett liege. Thomas ist zufällig dabei und schaut beunruhigt die Aufzeichnung meiner Blutdruckwerte an. War es eine einmalige Gehirnblutung oder kann so ein Ereignis jederzeit wieder auftreten? Wer kann solche Fragen beantworten? Thomas bittet den zuständigen Arzt vorbeizukommen. Ich verstehe die Welt nicht mehr. Die Heilung schien doch schon so nahe zu sein. In ein paar Tagen könnte ich wieder zu Hause sein. Niemand rechnet zum jetzigen Zeitpunkt mit einem länger-

---

[5] *ProChrist* ist eine überkonfessionelle Initiative von Christen unterschiedlicher Kirchen, die dazu einlädt, sich mit dem Glauben an Gott zu beschäftigen.
[6] H.W. Scharnowski (Hg.), Gott hat uns nicht vergessen. Offizielle ProChrist-CD 2013, Lied Nr. 5: Die Hand auf der Schulter.

fristigen Krankenhausaufenthalt. Außerdem hat Thomas schon geplant, am Freitag zu einer Fortbildung nach Berlin zu fahren. Und nun? Der Oberarzt der Neurologie kommt vorbei und hört sich unsere Fragen an: »Können Sie sich erklären, warum der Blutdruck wieder ansteigt? Wie kann eine erneute Hochdruckkrise mit eventueller Blutungsfolge vermieden werden? Muss man die Dosis des blutdrucksenkenden Mittels erhöhen?«

Er gibt erst mal Entwarnung, ordnet aber zur Sicherheit noch einige Untersuchungen an, um keine anderen Ursachen des Hochdrucks zu übersehen. Im Laufe der nächsten Stunde pendelt sich mein Blutdruck auf Normalwerte zwischen 120 mm Hg und 150 mm Hg ein. Thomas fährt etwas beruhigter nach Hause, ist aber verunsichert: Kann er wirklich auf den Kongress nach Berlin fahren? Wie soll er damit umgehen, wenn ich eine erneute Gehirnblutung erleide und er sechs Bahnstunden entfernt auf einer Fortbildung ist? Wäre es nicht besser, in Krefeld zu bleiben? Da seine Gedanken sich immer nur im Kreis drehen, will er den behandelnden Neurologen um eine Entscheidungshilfe bitten. Als die beiden am Donnerstag miteinander telefonieren, ist Thomas sehr überrascht, dass der Arzt überhaupt keine Veranlassung dafür sieht, die geplante Dienstreise abzusagen. »Gehen Sie ruhig auf den Kongress. Ihre Frau ist bei uns in guten Händen. Wir halten Sie auf dem Laufenden, wenn Sie mir Ihre Handynummer geben.«

So kommt Thomas mich in der Mittagspause besuchen und fragt, was ich davon halte, wenn er fahren würde. Ich mag es, wenn er im weißen Kittel vor mir steht. Ich werde dann an meine alten Träume erinnert und verliebe mich jedes Mal aufs Neue wieder in ihn. Ich wollte so gerne einen Arzt heiraten und mit ihm eine Doppelarztpraxis aufmachen. Es fällt mir schwer, mich auf sein Anliegen zu konzentrieren. Was hatte er gefragt? Ob er nach Berlin fahren könne? »Eigentlich spricht doch nichts dagegen.

Außerdem sind es nur zwei Tage ohne dich. Und im Zeitalter der Handys kann man dich ja jederzeit erreichen.«»Ich fahre nur, wenn du mir grünes Licht gibst«, betont Thomas. »Aber es würde mir viel bedeuten, in Berlin dabei zu sein.«»Dann wünsche ich dir eine gute Reise und eine erfüllte Zeit in unserer Hauptstadt. Wir können ja mal telefonieren, wenn es bei dir zeitlich passt.« So drücken wir uns heute ganz besonders fest.»Vielleicht komme ich nach der Arbeit noch mal kurz vorbei, da ich dich ja dann zwei Tage nicht sehe. Hab dich lieb.«»Ich dich auch.« Schon ist er wieder unterwegs zu seinen Patienten auf der dermatologischen Station und ich bin alleine.

Ich schließe meine Augen und bitte Gott inständig um eine Antwort:»Was geschieht hier? Warum oder wozu muss ich schon wieder durch eine Krankheitszeit? Ist mein Maß an Krankenhausaufenthalten nicht schon voll?«[7]

Plötzlich schießen mir folgende Gedanken durch den Kopf: *Ich scheide in dir Seele und Geist.*« Ich bin wie elektrisiert. Das klingt nicht nach meinen Worten. Hat Gott seine Gedanken in meine hineingelegt? Ich erinnere mich an einen Bibelvers in Hebräer 4,12:»*Denn das Wort Gottes ist lebendig und kräftig und schärfer als jedes zweischneidige Schwert und dringt durch, bis es scheidet Seele und Geist* ...« (Luther 1984). Ich kenne diesen Bibelvers, kann aber nicht behaupten, dass ich ihn verstanden habe. In einigen Tagen werde ich seine Bedeutung erfahren. Immer wieder grübele ich darüber nach, was Gott wohl damit meint, wenn er sagt, dass er meine Seele von meinem Geist trennen möchte. Zunächst behalte ich diese Gedanken für mich.

Zwei Tage später besucht mich Matthias, ein Freund aus der Gemeinde:»Möchtest du, dass ich für deine Gesundheit bete?«

---

[7] Ute Horn, Meine Krise – Gottes Chance, Holzgerlingen, SCM Hänssler, 3. Auflage 2013.

»Gerne«, freue ich mich. Wir schließen beide unsere Augen und er betet für meine Heilung. Plötzlich geschieht etwas Seltsames. Er spricht auf einmal in einer anderen Sprache.[8] Es hört sich wie Hebräisch an. Kurze Zeit später klingt es wie die »Übersetzung« des Gebetes in Deutsch. Ich traue meinen Ohren nicht, als er auf einmal sagt: »*Ich scheide in dir Seele und Geist.*« Gott scheint zu sagen: »Ich, dein Vater im Himmel, scheide, jetzt, in dir Seele und Geist.« Mit großen Augen schaue ich den Freund an: »Du weißt nicht, was du gerade aussprichst. Was für eine Bestätigung! Genau den gleichen Satz habe ich auch schon auf meine Frage bekommen, wozu diese Krankheit dienen soll?« Offensichtlich steht diese Trennung von Seele und Geist auf Gottes Tagesordnung. Ich behalte diese Worte wie einen kostbaren Schatz in meinem Herzen, auch wenn ich die wahre Bedeutung des Verses immer noch nicht verstehen und erklären kann.

Acht Tage nach der Gehirnblutung werde ich auf die Normalstation verlegt. Jetzt hoffe ich inständig, dass sich die Blutung gut zurückbildet. Ich nehme weiter Medikamente gegen hohen Blutdruck und Antiepileptika gegen neue Krampfanfälle. So weit geht es mir gut. Wegen des Bluthochdruckes werden noch weitere Untersuchungen vorgenommen. Man will eine Nierenerkrankung ausschließen. Dazu verlasse ich zum ersten Mal das Hauptgebäude. Ich genieße die frische Luft und laufe in die benachbarte Klinik auf die urologische Station. Die Oberärztin ist betroffen, als sie hört, warum ich in der Klinik bin. In der Ultraschalluntersuchung findet sich kein krankhafter Befund. Beide Nieren arbeiten normal.

---

[8] Die Bibel beschreibt, dass Menschen manchmal durch den Heiligen Geist in einer meistens nicht verständlichen Sprache beten. Wenn das sogenannte »Sprachengebet« in einem Gottesdienst stattfindet, wartet man normalerweise, bis der gleiche oder ein anderer Mensch das Sprachengebet übersetzen kann.

Als Nächstes steht eine Angiografie[9] meines Kopfes auf dem Plan. Ich werde mit dem Bett vor den Untersuchungsraum gefahren. Sie werden den Zugang über die große Leistenvene wählen und dann Kontrastmittel einspritzen. Am Ende der Untersuchung werde ich dann einen Druckverband bekommen und darf circa zwei Stunden nicht aufstehen. Als kleines Mädchen bin ich vor Spritzen immer weggelaufen. Auch heute noch muss ich mir sehr gut zureden, um nicht Fluchtgedanken zu entwickeln. Ich schließe meine Augen, mein Atem geht schneller, und ich stelle mich seelisch auf die bevorstehende Untersuchung ein. Man schiebt ein zweites Bett mit einer weiteren Patientin an meine Seite. Die Tür öffnet sich und die Schwester geht auf die andere Patientin zu: »Da sind Sie ja, Frau Horn.« Beinahe wäre sie mit ihr im Raum verschwunden. Doch glücklicherweise schaut die Schwester noch mal aufs Schild am Bett: »Sie sind ja gar nicht Frau Horn. Warum sagen Sie denn nichts?« So schnell kann man verwechselt werden. Warum habe ich mich bloß nicht sofort gemeldet?

---

[9] Eine Angiografie ist eine radiologische Untersuchungsmethode, mit der Blutgefäße dargestellt werden können.

# 4.
# Die Nebelwand

Am 21. 6. 2012, elf Tage nach dem Auftreten der Gehirnblutung, wird erneut ein MRT vorgenommen. Die Ärzte möchten sehen, wie gut sich die Blutungsherde schon zurückgebildet haben. Heute wollen sie entscheiden, wann ich endlich wieder nach Hause kann. Was freue ich mich! Nichts ahnend gehe ich zur Untersuchung. Ich habe die Zeit in der »Röhre« gut überstanden und sitze nun im Wartebereich, als die Oberärztin der Radiologie mich ins Sprechzimmer ruft: »Frau Horn, ich habe keine guten Nachrichten. Die Blutung hat sich leider überhaupt nicht zurückgebildet. Wir erkennen jetzt auch, dass es mehrere Blutungen unterschiedlichen Alters sind, sogenannte mehrzeitige Blutungen. Das bedeutet, dass Sie in den vergangenen Jahren schon öfter kleinere Gehirnblutungen erlitten haben. Außerdem sieht man deutlich einen festen Rand um die Blutungen, sodass wir jetzt doch von einem Gehirntumor ausgehen müssen. Wir möchten sie gerne dem Neurochirurgen vorstellen. Das sieht nicht gut aus.«

Ich höre die Worte wie durch eine Nebelwand. Mir schießen die Tränen in die Augen. Habe ich das richtig verstanden? Sprach sie von einem Gehirntumor? »Bitte gehen Sie jetzt auf Ihr Zimmer. Wir werden dem Neurochirurgen Bescheid geben.« Während sie mich verabschiedet, schwirrt mir der Kopf. Langsam mache ich mich auf den Weg in mein Zimmer, im zehnten Stock des Bettenhochhauses. Auf dem Flur gehe ich erst einmal zum großen Fenster am Ende des Ganges und schaue auf Krefeld hinunter. Ich lasse mich auf das davor stehende Sofa fallen und spüre, wie die Tränen über meine Wangen laufen. »Ich will doch noch so gerne Schwiegermutter und Großmutter werden. Ich bin doch erst 58 Jahre alt. Soll mein Leben jetzt schon zu Ende sein?« Chaos in meinem Kopf. Da sitze ich und weine, doch niemand scheint es zu merken. Obwohl so viele Menschen hier im Krankenhaus sind, fühle ich mich mutterseelenallein und einsam. Ich bin wie gelähmt und unfähig, Thomas anzurufen. Eine halbe Ewigkeit scheint zu vergehen. »Vater im Himmel, erbarm dich über mich«, ist das Einzige, was mir in den Sinn kommt.

Plötzlich fällt mir wieder der Bibelvers mit dem zweischneidigen Schwert ein und langsam komme ich hinter seine Bedeutung. Meine Seele weint, wenn ich an den Tumor in meinem Kopf denke. Wie oft hatte ich schon gehofft: »Herr, bitte verschone mich vor einem Gehirntumor.« Und jetzt? Viele Fragen schießen mir durch den Kopf: Was wird auf uns als Familie zukommen? Werde ich langsam meine Persönlichkeit verlieren und nicht mehr als Ute zu erkennen sein? Und was wäre, wenn ich bei einer möglichen Operation sterbe? Was wird dann aus meinen Kindern, die dann keine Mutter mehr hätten, und aus meinem Mann, mit dem ich schon seit 38 Jahren zusammen bin? Gleichzeitig bin ich in meinem Geist[10] getröstet. Ich fühle mich geborgen, habe keine Angst und tiefer Frieden durchflutet mich. Obwohl ich nicht weiß, wie mein Leben weitergehen wird, bin ich gewiss, nicht alleine durchs Tal der Tränen gehen zu müssen. Eine Hand hat sich ausgestreckt und ich lege meine vertrauensvoll in seine. Ich spüre, dass Gott an meiner Seite ist. Er weiß alles, was mir geschieht, und hat es in der Hand. Egal, wie es ausgeht, ich möchte ihm vertrauen. Auch wenn meine Seele verwirrt ist, hat

---

[10] Der Mensch teilt sich auf in Körper, Seele und Geist. Die Seele setzt sich aus Gefühlen, Wille und Verstand zusammen. Der Geist ist der Teil des Menschen, der für das Übernatürliche offen ist und mit Gott in Beziehung tritt.

ein Bereich in meiner Persönlichkeit Autorität und schenkt mir Sicherheit. Ich kann nur staunen!

Plötzlich vibriert mein Handy. Thomas ist am anderen Ende: »Weißt du es schon? Der Chef der Neurochirurgie hat mich angerufen, dass man jetzt doch von einer anderen Ursache deiner Gehirnblutung ausgeht. Er möchte gegen 16.30 Uhr mit uns beiden reden. Mehr weiß ich auch noch nicht. Ich muss vorher selbst noch einiges operieren. Bis später.«

Wie betäubt gehe ich langsam wieder auf mein Zimmer. Was ist heute für ein Tag? Donnerstag? Dann wollen heute Christine und Robert kommen. Ob ich Andreas anrufen und ihn bitten soll, am Gespräch mit dem Neurochirurgen teilzunehmen? Es ist erst elf Uhr. Bis 16.30 Uhr könnte er gut mit dem Zug aus Aachen anreisen. Bestimmt würde es ihn nicht nur als Sohn, sondern auch als Medizinstudent interessieren. So schreibe ich Andreas eine SMS. Kurz darauf ruft er mich an. Als er hört, dass seine Schwester schon einen Besuch geplant hat, meint er: »Mama, eigentlich habe ich heute Abend Lerngruppe für die Abschlussprüfung. Die würde ich nur ausfallen lassen, wenn es euch besonders wichtig ist und ihr mich braucht. Wenn Christine nicht schon geplant hätte zu kommen, würde ich mich natürlich auf den Weg zu euch machen, aber so denke ich, dass Christine heute mit euch sprechen kann, wenn das für euch in Ordnung ist.« »Gut, dann telefonieren wir nach dem Gespräch mit dem Professor«, schließe ich das Telefonat ab.

Diese Entscheidung von Andreas ist ganz typisch für unsere Kinder. Sie haben schon öfter festgestellt, dass es für Einzelkinder schwerer ist, wenn die Eltern krank oder alt werden: »Wie gut, dass wir die Last auf viele Schultern verteilen können.« Ich kann nicht darüber nachdenken, ob sein Entschluss gut ist, weil meine Gefühle wie eingefroren sind. Ich akzeptiere ihn einfach. Irgendwie kann ich es noch nicht fassen. Von einer auf die andere

Minute ist auf einmal alles anders. Welcher Weg liegt wohl vor mir? Ich fühle mich wie mitten auf einer Straßenkreuzung, dem Lärm und Verkehr hilflos ausgeliefert.

# 5.
# Doch ein Gehirntumor?

Sechs Stunden nach dem Gespräch mit der Radiologin kommt der Neurochirurg Professor Stoffel zu uns ins Zimmer. Thomas konnte seine Arbeit rechtzeitig unterbrechen und so sitzen wir zu dritt zusammen. Professor Stoffel hat sich die Bilder meines Gehirns vom Aufnahmetag und die heutigen Bilder angeschaut: »Frau Horn, ich weiß, woran Sie leiden. Sie haben ein Kavernom, in das es geblutet hat.« Obwohl ich selbst Ärztin bin, habe ich noch nie etwas von einem Kavernom gehört. Ich blicke Hilfe suchend zu meinem Mann. Aber auch er scheint nicht sofort zu wissen, worum es sich handelt.

»Was ist ein Kavernom?«, frage ich. Die Situation ist mir peinlich. »Ein Kavernom[11] ist eine gutartige Gefäßanomalie. Man kann sich dieses Angiom wie verschieden große Weintrauben an einer Rebe vorstellen, die durch Einblutungen wie Luftballons aufgeblasen werden. Man geht davon aus, dass etwa 0,5 Prozent der Bevölkerung so ein Kavernom hat, ohne es zu wissen. Entdeckt wird es erst, wenn es Beschwerden macht. Die Wahrscheinlichkeit, Beschwerden zu bekommen, liegt bei 0,4 Prozent bis 30 Prozent der Kavernomträger. Durch die Blutung entstehen Kopfschmerzen und epileptische Anfälle. Und wenn das kavernöse Angiom einmal angefangen hat zu bluten, dann blutet es in der Regel immer wieder«, antwortet er. »Kann ein Kavernom vererbt sein?«, möchte ich wissen. »Meine Mutter ist nach einem

---

[11] Synonyme für Kavernome sind »kavernöse Malformationen« oder »kavernöse Angiome«.

Sturz an einer Gehirnmassenblutung gestorben. Sehen Sie da Zusammenhänge?«»Nein, das glaube ich nicht, da Kavernome in der Regel keine Massenblutungen verursachen«, beruhigt mich der Neurochirurg.

»Nun haben wir die Diagnose! Aber was ist zu tun, was würden Sie uns raten?«, fragen wir den Arzt. Der Neurochirurg lässt keinen Zweifel daran, dass ich um eine Operation nicht herumkommen werde. »Würden Sie Ihrer Frau auch zur Operation raten?«, das ist eine Frage, die für Thomas typisch ist. »Ja«, antwortet er, ohne zu zögern. »Allerdings würde sie darauf bestehen, eine zweite Meinung einzuholen. Sie ist Journalistin«, fügt er augenzwinkernd hinzu. Wir müssen alle drei lachen, was uns guttut und etwas von der Spannung wegnimmt. »Das Kavernom kann jederzeit wieder bluten, und das kann auch tödlich enden. Ehrlich gesagt habe ich noch niemanden erlebt, der mit diesem Wissen leben kann und das psychisch aushält. Bitte warten Sie mit der Operation nicht länger. Es wird komplizierter für den Operateur, wenn Sie den Operationstermin hinauszögern und erst die Umbauprozesse im Gehirn begonnen haben.«

Doch bevor wir über die Risiken der Operation reden, möchte er noch wissen, ob es keine Vorboten für das aktuelle Ereignis der Blutung gab. »Haben Sie vorher nichts gemerkt? Kopfschmerzen oder Ähnliches? Im MRT sieht man ein mehrzeitiges Geschehen. Die Blutungen sind unterschiedlich alt und es gibt mehrere davon.«

Auf einmal dämmert es mir. »Wenn Sie mich so genau fragen, fällt mir ein, dass ich seit vier Jahren immer wieder mal über rechtsseitige Kopfschmerzen klage. Eigentlich kenne ich keine Migräne. Aber in den letzten Jahren quälten mich immer wieder mal migräneartige Attacken. Ich hatte sie aber auf zu viel Stress und Überforderung geschoben.« »Wahrscheinlich waren das schon kleinere Blutungen«, kommentiert der Neurochirurg.

»Und bei Vorträgen hatte ich neuerdings leichte Atembeschwerden. Immer wieder musste ich mich beim Referieren räuspern. Ich hielt die einstündigen Referate zuletzt nicht mehr durch, ohne zwischendurch heißes Wasser zu trinken«, fuhr ich fort. »Auch das kann mit dem Angiom in Zusammenhang gebracht werden, da das Kavernom in der Nähe der motorischen Nervenbahnen der Sprechmuskeln liegt und darauf drücken kann.« »Ja, und vor vier Wochen, da stand ich in der Küche, schälte Kartoffeln und konnte plötzlich für Sekunden meinen linken Arm und mein linkes Bein nicht mehr fühlen. Ich erschrak zu Tode und dachte noch bei mir: ›Du bist noch viel zu jung für einen Schlaganfall!‹ Da die Beschwerden aber so schnell gingen, wie sie gekommen waren, habe ich es keinem gesagt und schnell wieder verdrängt.« »Für mich passt das alles zusammen und wenn Sie Glück haben und die Operation gut verläuft, kann es sein, dass Sie keine Beschwerden mehr haben«, muntert mich Professor Stoffel auf.

Ich bin selbst verblüfft und auch erschüttert, dass ich seit etwa vier Jahren Beschwerden habe, die auf das Geschehen im Kopf hinweisen und ich trotzdem nie an eine ernsthafte Erkrankung gedacht habe. Jetzt ergibt alles einen Sinn. »Krisen sind Vorboten notwendiger Veränderungen«, las ich einmal in einer Zeitschrift. Wie wahr! Die Kopfschmerzen, die Schluckbeschwerden und die vorübergehende Lähmung wollten mir mitteilen, dass hier etwas nicht stimmt, aber ich habe es nicht ernst genommen. Sie wollten mich auffordern: »Lass dich untersuchen. Hier muss etwas getan werden, sonst wird es gefährlich.« Aber ich habe nicht richtig geschaltet.

Obwohl Professor Stoffel Spezialist im Operieren von Kavernomen ist, lässt er keinen Zweifel daran, dass es eine knifflige, circa sechsstündige Operation sein werde. »Als Erstes müssen wir einige Haare an der rechten Schläfe wegrasieren, dann mit der Fräse ein kreisrundes Schädeldachstück entfernen und uns anschließend einen Weg zum Kavernom bahnen. Eine wichtige Kopfarterie verläuft am Rande des Operationsgebietes. An der Stelle müssen wir besonders vorsichtig sein.

Folgende Komplikationen können auftreten: In einem von hundert Fällen können Sie sterben, in etwa fünf von hundert Fällen werden Sie mit einer Halbseitenlähmung aufwachen und in etwa fünf von hundert Fällen nicht mehr reden können. Es gibt noch eine Unsicherheit. Ich kann Ihnen leider nicht versprechen, dass es mir möglich sein wird, das ganze Kavernom zu entfernen. Infolge einer unvollständigen Herausnahme kann das Angiom wieder nachwachsen und eine erneute Operation nötig werden. Nach der OP dürfen Sie mindestens ein Vierteljahr nicht Auto fahren. Das ist vom Gesetzgeber nach jeder Gehirnoperation vorgeschrieben. Außerdem müssen Sie Antiepileptika zur Vorbeugung von Krampfanfällen nehmen. Wenn Sie gerne eine zweite Meinung hören möchten, kann ich das gut verstehen. Sie sind auch nicht gezwungen, sich hier in Krefeld operieren zu lassen. Sie können zu einem Kollegen von mir gehen. Aber ich habe in München – wie auch mein damaliger Chef – schon viele solcher Angiome entfernt, auch solche an sehr schwieriger Stelle.«

Dann lässt er uns alleine. Ich fühle mich wie erschlagen. Das hatte ich nicht erwartet. Die Zeit scheint stillzustehen. Jeder ist mit seinen eigenen Gedanken beschäftigt.

Irgendwann, mir kam es wie eine halbe Ewigkeit vor, frage ich meinen Mann Hilfe suchend: »Thomas, was meinst du?« »Ich glaube, dass wir keine Wahl haben«, antwortet er leise und wortkarg. »Und du?« »Ich empfinde das Gleiche.« Wir sind sonst beide nicht auf den Mund gefallen, aber in diesem Augenblick ist uns das Schweigen näher als das Reden. Jeder versucht für sich durchzubuchstabieren, was der Professor gesagt hat. Auch wenn wir es akustisch gehört haben, können wir die Worte noch nicht verstehen.

Heute ist Donnerstag, elf Tage nach dem Auftreten des epileptischen Anfalls. Wir wollen keine Zweitmeinung einholen und vertrauen Professor Stoffel. Somit steht auch fest, dass ich mich in Krefeld operieren lassen werde.

Es müssen noch einige Untersuchungen gemacht werden, um den Eingriff gut vorzubereiten, deshalb ist die OP erst für die kommende Woche geplant. Sie wird für Mittwoch, den 27. 6. 2012, auf den Operationsplan gesetzt, also heute in sechs Tagen.

Sofort denke ich an eine Freundin, die auch hier in der Neurochirurgie lag. Parallel zu ihrer sechsstündigen Gehirnoperation hatten wir uns damals in der Krankenhauskapelle getroffen und für sie und den Operateur gebetet. Viele kamen zur Fürbitte, manche beteten eine oder zwei Stunden lang mit, andere blieben die ganze Zeit von 8 bis 14 Uhr. Ich werde Thomas bitten, für mich auch so eine Fürbittezeit während meiner Operation zu organisieren, und spüre, dass mir das enorm helfen würde, diesen schweren Weg zu beschreiten.

Als Thomas das nächste Mal zu Besuch kommt, erzähle ich ihm von meinen Wünschen und Gedanken. Er hat auch schon an eine Fürbittezeit während des Eingriffs gedacht. So bitten wir die Krankenhausseelsorgerin um ein Gespräch. Sie kommt noch am gleichen Tag und freut sich über unser Anliegen. Sie schaut in ihren Terminkalender und ist sofort bereit, uns die Räume zur Verfügung zu stellen. Ab 8 Uhr wird sie die Tür zur Kapelle öffnen.

Wir rufen eine junge Frau an, die selbst einen Gehirntumor hat, der aber noch nicht operiert werden musste. Sie hatte ihre Hilfe schon in früheren Gesprächen angeboten. Wir geben ihr den Operationstermin durch und bitten sie, Menschen aus unserer Gemeinde anzurufen und sie zum Beten einzuladen. Unterstützt wird sie von einem Freund, dessen Frau vor einigen Jahren an einem Meningeom[12] operiert wurde. Er will sich für Mittwoch Urlaub nehmen, genauso wie mein Mann. Wir hoffen sehr auf Gottes Hilfe! Susi übernimmt die Aufgabe, in den nächsten Tagen alle meine Seminare und Vorträge für die nächsten fünf Monate abzusagen.

Plötzlich habe ich einen großen Wunsch in meinem Herzen und bitte meinen Mann: »Ich möchte vorher noch mal alle unsere sieben Kinder sehen. Kannst du sie anrufen und fragen, ob sie am Wochenende kommen können? Dann würden wir mit ihnen zusammen erst alles besprechen und dann möchte ich mit jedem von ihnen alleine Zeit verbringen. Ich würde sie gerne fragen, ob alles zwischen uns geklärt ist, falls es meine letzten Tage hier auf Erden sein sollten oder falls ich nach dem Eingriff nichts mehr sagen kann.« Thomas willigt ein und wird alle Kinder anrufen.

Abends erreicht mich eine SMS von Mary-Anne, einer Freundin aus Basel. Diese SMS wird mich immer wieder beschäftigen. Sie schreibt, dass sie lange für mich gebetet und dabei folgende Botschaft Gottes für mich empfunden habe: »*Ich bereite den Weg vor dir – fürchte dich nicht. Ich bin mit dir und ich heile dich. Du wirst leben und meine Werke verkündigen. Der Feind hat dich angegriffen. Ich aber werde dich festigen in mir und dich heil machen, ich bin bereits dabei.*« Außerdem fügt sie noch den Bibelvers aus Psalm 118,17 hinzu: »*Ich werde nicht sterben, sondern leben und des Herrn Werk verkündigen.*« (Luther 84)

Ich mache die ganze Gefühlspalette durch, von hoffnungsvoll bis verzweifelt, von aufgewühlt bis tief traurig. Kann das wirklich wahr sein? Oder werde ich aus dem Albtraum erwachen? Aber die Wahrheit ist: Ich habe einen Gefäßtumor im Gehirn, der jederzeit wieder bluten kann. Eine tickende Zeitbombe! Ich muss eine

---

[12] Ein Meningeom ist ein gutartiger Tumor der Gehirnhaut.

Operation durchstehen: Ausgang ungewiss, von Heilung bis Tod alles möglich. Und mitten in dieses Chaos hinein lässt Gott mir mitteilen, dass er mich heilen will. Kann ich das glauben?

# 6.
# Treffpunkt Krankenzimmer

Freitag, 22. 6. 2012. Noch fünf Tage bis zur geplanten Operation. Thomas ist am Telefon: »Ich habe gestern Abend noch alle Kinder erreicht. Sie kommen heute direkt zu dir in die Klinik. Ich denke, dass sie gegen 19 Uhr alle da sind.« »Kannst du dann für jeden eine Pizza mitbringen? Sie werden bestimmt Hunger haben«, bitte ich. »Ich kann dich ja anrufen, wenn die sechs, die mit dem Zug kommen, hier sind.« »Gute Idee, bis später.«

Was wird wohl das kommende Wochenende bringen? Normalerweise kümmere ich mich immer um alles, wenn meine schon ausgezogenen Kinder zu Besuch kommen. Ich erstelle den Speiseplan, gehe einkaufen und putze die Zimmer für die »Großen«. Nun müssen sie das erste Mal alles selbst in die Hand nehmen.

Ich erinnere mich an einen Zettel, den Andreas mir eines Tages aufs Telefon legte. Das ist ein ungewöhnlicher Ort für eine Botschaft. Ich sollte ihn wohl gleich finden, wenn ich von meiner Vortragsreise wieder zurückkam. Er war Student und erlebte zum ersten Mal, dass er nach Hause kam und ich nicht da war. »Ohne dich ist zu Hause nicht zu Hause, Mama«, las ich mit einem weinenden und einem lachenden Auge. »Keiner, der die Tür aufmacht, wenn man klingelt. Keiner, der sagt: ›Schön, dass du da bist.‹ Keiner, der fragt: ›Wollen wir als Erstes einen Cappuccino zusammen trinken?‹ Es riecht auch nicht nach zu Hause, Mama. Wie oft empfängt mich der Duft von frisch gebackenem Kuchen oder ich rieche schon auf der Straße, dass du Kohlrouladen zubereitet hast. Weißt du noch, wie wir als Kinder immer schon im Flur versucht haben zu erraten, was du heute gekocht hast? Mama, ich würde am liebsten immer nur nach Hause kommen, wenn du auch da bist.«

»Ja, sollen die Kinder ab dem kommenden Mittwoch keine Mutter mehr haben oder nur noch eine behinderte Mutter?« Bei diesem Gedanken kullern mir Tränen über die Wangen.

Ich rechne ab 18 Uhr mit den Ersten. Christine reist mit ihrem Freund Robert aus Köln an. Dort hat sie nach dem Studium von Spanisch, Geschichte und Angewandten Kulturwissenschaften eine Arbeitsstelle gefunden, während Robert als Lehrer für Spanisch und Englisch an einem Berufskolleg angestellt ist. Andreas kommt aus Aachen, wo er im letzten Jahr Medizin studiert. Er wird von seiner spanischen Freundin Judit begleitet, die er während eines Auslandssemesters in Lyon kennen- und lieben gelernt hat. Sie hat ihr Medizinstudium schon abgeschlossen und lernt nun intensiv Deutsch, um in Deutschland als Ärztin arbeiten zu können. Daniel hat den weitesten Weg. Er studiert im dritten Jahr auf Holländisch Medizin in Leiden. Auch Josua macht sich aus den Niederlanden auf den Weg nach Krefeld. Er studiert in Utrecht Chemie, Biologie und Physik.

Drei unserer sieben Kinder leben noch zu Hause. Marcel besucht die letzte Klasse an einem Berufskolleg und möchte sich anschließend für die Polizeilaufbahn bewerben. Er tut sich schwer mit diesem Abend und verkündet im letzten Moment, dass er nicht dabei sein will. Er habe sich mit Freunden verabredet. Das muss ich akzeptieren, auch wenn es schwerfällt. Sein Zwillingsbruder Pascal ist mit dabei. Er steht kurz vor dem Abschluss seiner Lehre als KFZ-Mechatroniker. Und Benjamin, der Jüngste in der Reihe, bereitet sich aufs Abitur G8[13] vor. Auch er möchte gerne Mediziner werden.

---

[13] G8 bedeutet, dass man das Gymnasium in acht Jahren absolviert.

Meine Gedanken schweifen zurück zu Josua. Was hatte er gesagt, als er aus Amerika wiederkam? »Mama, ich habe viel über dich nachgedacht.« Ich war wie elektrisiert: Was würde wohl jetzt kommen? »Du hast viel eingesetzt, um Dermatologin zu werden. Und dann hast du in deinem Beruf nicht mehr gearbeitet, um uns sieben Kinder großzuziehen. Hast du das nicht manchmal bereut?«
Wie schön, wenn Kinder anfangen, sich in die Eltern hineinzuversetzen. Ich hätte sehr gerne als Ärztin gearbeitet, aber wir haben uns dafür entschieden, unsere Kinder selbst zu prägen und zu erziehen. So konnte ich ihm ehrlich antworten: »Ich bin dankbar, dass ich Mutter werden durfte. Viele Paare wünschen sich sehnlichst ein Kind und empfangen aus den unterschiedlichsten Gründen keins. Es war eine besondere und wertvolle Aufgabe, euch sieben Kinder ins Erwachsenenleben zu begleiten.« »Da bin ich aber froh«, strahlte er. Und ich konnte aus vollster Überzeugung bekennen: »Nein Josua, ich habe es nicht bereut.«

Als die Kinder nacheinander eintrudeln, bin ich sehr angespannt. Wie werden sie mit allem umgehen?

Die Fußballeuropameisterschaft ist in vollem Gange. Überall fiebern die Menschen mit ihren Mannschaften mit. Auch unsere Familie ist fußballbegeistert und will kein Spiel verpassen, besonders keins der deutschen Mannschaft. Wir glauben, dass Deutschland Europameister werden kann. Thomas und ich haben ausführlich darüber beratschlagt, wie wir das Wochenende gestalten wollen. Um 20.45 Uhr soll das Spiel »Deutschland gegen Griechenland« in Danzig angepfiffen werden. Wir haben beide auf dem Herzen, mit den Kindern zusammen das Spiel anzusehen.

So gehe ich am Nachmittag zur Stationsschwester. Mit etwas Pudding in den Knien trage ich mein Anliegen vor. »Hätten Sie etwas dagegen, wenn ich heute Abend zusammen mit meiner

Familie vom Krankenbett aus das Fußballspiel ansehe? Doch wir sind dann elf Personen, da wir sieben Kinder haben und zwei mit ihren Partnern anreisen. Wir wollen mit allen über die Gehirnoperation am kommenden Mittwoch sprechen und es würde uns sehr viel bedeuten, wenn wir vorher eine schöne Zeit als Familie erleben könnten.« Augenzwinkernd antwortet sie: »Sie haben Glück! Der Patient, der Wand an Wand mit Ihrem Zimmer liegt, ist schwerhörig.« »Vielen, vielen Dank. Wenn wir aber trotzdem zu laut sind, melden Sie sich bitte.«

Gegen halb sieben tauchen alle auf und freuen sich riesig darüber, dass Papa, Benjamin und Pascal gleich für jeden eine Pizza mitbringen. Dann sehen wir zusammen das Fußballspiel, fiebern mit und jubeln, als es zur Halbzeit schon 1:0 für Deutschland steht. 45 Minuten später heißt es 4:2 Endstand für unsere Mannschaft. Die Kinder sind begeistert: »Als wir uns auf den Weg nach Krefeld machten, hätten wir nicht gedacht, dass wir heute so viel Spaß haben würden.«

Alle strecken sich. Die Anspannung des Spieles weicht. Jetzt muss aber erst mal richtig gelüftet werden, bevor wir den weitaus schwierigeren Teil des Abends in Angriff nehmen. Als sich alle wieder gesetzt haben, beginnt Thomas ernst: »Wir haben euch zusammengerufen, um mit euch über Mamas Erkrankung zu sprechen. Mittlerweile wissen wir, dass die Gehirnblutung nicht durch eine Blutdruckkrise ausgelöst wurde, sondern durch ein sogenanntes Kavernom. Das ist eine gutartige Gefäßanomalie, die angefangen hat zu bluten. Ich zeige euch nachher die Bilder am Computer. Wir wissen jetzt, dass das Kavernom schon seit circa vier Jahren immer wieder geblutet hat. Mama hatte auch Beschwerden wie zum Beispiel migräneartige Kopfschmerzen, Räuspern beim Sprechen, kurzfristige Lähmungserscheinungen bis hin zur letzten Blutung, bei der der epileptische Anfall auftrat und sie für kurze Zeit nicht mehr sprechen konnte.

Der Krefelder Neurochirurg Professor Stoffel hat mit uns alles ausführlich besprochen. Ich schätze ihn sehr und habe auch schon selbst mit ihm operiert. Er ist ein Spezialist für solche Gefäßmissbildungen und würde Mama operieren. Die Operation wird circa sechs Stunden dauern und es kann leider bei einem solchen Eingriff viel passieren. In einem von hundert Fällen könnte Mama während der Operation sterben. In fünf von hundert Fällen würde sie ihre Sprache verlieren und in fünf von hundert Fällen würde sie halbseitengelähmt aufwachen.«

Ich schaue in die Gesichter der Kinder. Darf man ihnen das zumuten? Gibt es nicht auch die Gnade des Nicht-alles-wissen-Müssens? Haben wir sie überfordert? Auf einmal kommt mir ein merkwürdiger Gedanke: »War Marcel vielleicht schlau, als er für sich entschied, bei diesem Abend nicht dabei sein zu wollen?« Manche Eltern schützen ihre Kinder, indem sie ihnen von Krankheiten nichts sagen. Sicher hängt das auch sehr stark vom Alter, der Lebenssituation und der Persönlichkeit des Kindes ab. In meinem Elternhaus wurde immer sehr ehrlich über alles gesprochen. Für mich lag darin eine Geborgenheit, die Wahrheit zu kennen. Ich wusste, dass ich den Aussagen meiner Eltern trauen kann, dass sie mich nicht belügen oder mit Sätzen wie: »Es wird schon alles gut gehen« vertrösten.

Schweigen! Die Schwere des Gesagten lässt alle verstummen. Doch wenn wir zu den ein bis fünf Prozent gehören, die es trifft? Hatten wir nicht vor ein paar Jahren erlebt, dass mein Schwiegervater an einem Hypophysentumor operiert wurde, bei dem das Operationsrisiko zu erblinden unter einem Prozent lag? Wie erschüttert waren wir, als er blind aufwachte. Eigentlich eine einfache Operation durch die Nase, Routine für einen Neurochirurgen, und dann kam alles anders. Er wachte als Blinder auf, bekam eine Nachblutung und musste daraufhin am offenen Schädel operiert werden. Der erfahrene Operateur beteuerte glaubhaft, dass er diese Komplikation in seiner langen Laufbahn als Neurochirurg noch nie erlebt habe und es auch an dieser Klinik noch nie passiert sei. Er las in der Weltfachliteratur nach und berichtete uns dann, dass die Wahrscheinlichkeit zu erblinden weltweit bei unter einem Prozent lag. Wir mussten miterleben, wie mein Schwiegervater dann an weiteren Komplikationen verstarb.

»Ich kann euch jetzt die Bilder von Mamas Kopf am Computer zeigen«, schlägt Thomas vor. Einer nach dem anderen folgt Papa ins Schwesternzimmer. Nur Pascal bleibt sitzen. »Was ist mit dir? Willst du dir die Bilder nicht ansehen?« »Nein, Mama, ich habe schon genug gehört. Ich will das nicht auch noch sehen.« »Das kann ich gut verstehen«, erwidere ich. »Dann bleiben wir beide hier im Zimmer, bis die anderen fertig sind. Wie geht es dir denn an diesem Abend? Denkst du, dass es richtig ist, hier zu sein? Oder wärst du jetzt lieber bei Marcel oder deinen Freunden?« »Es ist richtig, auch wenn es schwer ist«, antwortet Pascal. »Ich bin lieber dabei und erlebe es selbst, als dass man es mir hinterher nur erzählt.« »Ja, dafür schätze und bewundere ich dich auch. Ich fand es auch ganz stark, dass du deine leibliche Mutter noch mal auf der Intensivstation besucht hast, als sie im Sterben lag. Es tut mir leid, dass ich euch solche Sorgen machen muss.« »Mama, ich bin euch sehr dankbar, dass ihr Marcel und mich als Babys aufgenommen habt. Es ist schön, in einer Familie mit so vielen Geschwistern aufwachsen zu dürfen. Danke für alle Liebe. Wir haben es euch nicht immer leicht gemacht, aber wie gut, dass wir uns immer wieder vertragen haben.« »Ja, das finde ich auch. Es tut gut, mitzuerleben, wie ihr euren Weg ins Leben findet. Sollen wir mal nach den anderen schauen? Es ist schon spät.«

Eine halbe Stunde ist mittlerweile vergangen, seitdem sich Thomas mit den Kindern die Aufnahmen anschauen wollte. Wir finden sie im Schwesternzimmer. Fast alle sitzen auf dem Boden.

Sie stellen ihrem Vater immer noch Tausend Fragen. Besonders die Medizinstudenten wollen alle möglichen Details auch zum operativen Vorgehen wissen.

Mittlerweile ist es schon kurz vor Mitternacht. Alle sind müde und so machen sie sich auf den Heimweg. Ganz allein bleibe ich zurück.

# 7.
# Mama, wovor hast du Angst?

Die Nacht war kurz und mir schwirren viele Gedanken durch den Kopf. Heute möchte ich mit allen Kindern einzeln reden. Ich habe sie gebeten, vorher zu überlegen, was gut und was nicht so gut in meiner Kindererziehung gelaufen ist. »Bitte, nehmt es ernst. Es kann sein, dass ich am Mittwoch nicht mehr mit euch sprechen kann oder sogar tot bin. Nutzt die Gelegenheit, lasst uns versöhnt auseinandergehen. Habe ich euch etwas versprochen, was ich noch nicht eingehalten habe? Jetzt können wir noch ›offene‹ Rechnungen begleichen.«

Die Sonne scheint schon in mein Zimmer. Es klopft an der Tür und eine Krankenschwester bringt das Frühstück herein. Das Tablett mit dem Geschirr ist schon lange abgeräumt, auch die Raumpflegerin und die Visite waren schon da, aber von den Kindern noch keine Spur.

Werden sie wohl in der Reihenfolge ihrer Geburt kommen? »Wer wird wohl den Anfang machen?«, frage ich mich, während ich sehnsuchtsvoll aus dem Fenster schaue.

2001 stand ich als Kind am Sterbebett meines Vaters und wollte wissen: »Vati, habe ich dich mit etwas verletzt, was wir bisher noch nicht angesprochen haben?« Er schaute mich an und antwortete: »Nein, Ute, ich wüsste von nichts. Und wie sieht es bei dir aus? Bin ich dir noch etwas schuldig geblieben?« »Nein, Vati, alles ist bereinigt. Du warst mir ein sehr guter Vater. Wenn ich dich mit einem Bild beschreiben sollte, würde ich sagen: ›Du warst mein Rückenwind. Du hast immer an mich geglaubt und mich ermutigt, Wege zu gehen und Aufgaben anzufassen, die ich mir nicht zugetraut hätte.‹ Danke für alles und besonders dafür, dass wir diesen letzten Weg gemeinsam gehen dürfen. Das bedeutet mir unendlich viel.

Es war so schwer, dass Mutti nach dem Sturz über den Blumentopf so plötzlich starb und ich mich nicht von ihr verabschieden konnte. Auch wenn ich glaube, dass sie alles verstanden hat, was ich ihr auf der Intensivstation noch habe sagen können. Du hast doch auch immer gemeint, dass Komapatienten alles mitbekommen und nur nicht reagieren können. Weißt du noch, dass ich dich an Muttis Beerdigung gebeten habe, bei deinem Sterben dabei sein zu dürfen?«»Ja, solche Gespräche vergisst man wahrscheinlich nie«, antwortete er.

Es ist schon nach neun Uhr. Sicher schlafen meine Kinder erst aus und frühstücken dann gemeinsam. Wer wohl die Brezeln und Brötchen holt? Brötchen am Samstag, bei uns eine Tradition.

Um 9.30 Uhr klopft es an der Tür. Der Erste steckt seinen Kopf hinein, die Haare vom Fahrradfahren zerzaust. Ich freue mich, Josua zu sehen. Wir drücken uns herzlich. Er ist noch etwas aus der Puste. »Bist du wieder ein Rennen gegen die Uhr oder besser gegen dich selbst gefahren?«, frage ich ihn. »Ich habe nur zehn Minuten gebraucht«, seine typisch männliche Aussage. Wie kann man am schnellsten von A nach B kommen, wo gibt es die wenigsten Ampeln und die besten Grünphasen?, das scheint Thomas und meine Söhne ständig zu beschäftigen, während ich am liebsten den gleichen altbekannten Weg fahre, damit ich den Kopf für andere Gedanken frei habe.

Josua zieht zwei Blätter aus der Hosentasche: »Ich habe mich gut vorbereitet, Mama. Wovor hast du Angst, wenn du an Mittwoch denkst?« »Euch allein zurückzulassen ist für mich unerträglich«, antworte ich, ohne groß darüber nachzugrübeln. »Ich möchte euch auf eurem Lebensweg weiter begleiten. Was wird aus euch, wenn ich nicht mehr da bin? Ich kenne eine Familie mit drei Söhnen. Als die Mutter mit fünfzig Jahren an Brustkrebs starb, brach der Kontakt zwischen dem Vater und seinen Söhnen ab. ›Sie können das Zuhause ohne die Mutter nicht ertragen‹, so der Vater. Josua, an solche Geschichten muss ich denken. Und ich mache mir besonders Sorgen um die drei Jüngeren. Wer hilft ihnen auf dem Weg ins Leben?«

»Mama, weißt du, wovor ich mich am meisten fürchte? Ich habe Angst, dass du nicht mehr meine weise Ratgeberin bist. Wir haben immer so viele Gespräche miteinander geführt. Ich schätze an dir, dass du mir nie vermittelt hast, dass ich keine Ahnung habe. Obwohl du schon so viel mehr Lebenserfahrung hast, hast du mir immer das Gefühl gegeben, dass du von mir auch noch etwas lernen kannst. Du begegnest mir auf Augenhöhe. Aber noch mehr fürchte ich, dass du wesensverändert aufwachst und dass ich dich nicht mehr als meine Mutter erkenne. Das fände ich noch schlimmer, als wenn du sterben würdest. Und, Mama, ich möchte dir etwas versprechen.

Wenn du wirklich sterben wirst und Benjamin nicht helfen kannst, herauszufinden, was er werden soll, dann gehe ich den Weg mit ihm, bis er weiß, was er studieren möchte. Weißt du noch, wie du nach dem Abitur und auch schon davor stundenlange Diskussionen mit mir geführt hast? Immer wieder hast du mir Mut gemacht, zu entdecken, was ich gut kann und was mir Spaß macht. Erinnerst du dich daran, wie du mir Praktika vorgeschlagen hast? Als ich auf einmal Wirtschaftspsychologie studieren wollte, hast du mir eine Hospitation bei einem Wirtschaftspsychologen vermittelt. Wie gut, dass ich das gemacht habe. Ihm konnte ich alle Fragen stellen und schnell war mir klar, dass das nicht mein Weg sein würde.

Und dann war auf einmal die Medizin wieder im Spiel. Doch dafür reichte der Numerus clausus[14] nicht, obwohl ich doch ein gutes Abitur gemacht hatte. Dann hast du mir Mut gemacht, Holländisch zu lernen und Medizin in den Niederlanden zu studieren. Es war eine gute Zeit in Köln, als ich während des achtwöchigen Niederländischkurses bei meiner Schwester wohnen konnte. Ich habe sie noch mal ganz anders kennengelernt, auch ihre Freunde. Danke auch für alle Begleitung, alle Gebete, alles Mitdenken bis zum heutigen Tag. Ich freue mich, dass ich jetzt an der Universität in Nimwegen gute Chancen habe, ab September mein Medizinstudium zu beginnen. Vielleicht schaffe ich auch noch die Aufnahmeprüfung in Hamburg. Ich habe mich dafür angemeldet. Mama, hast du einen Satz, den du mir mitgeben möchtest, an den ich mein Leben lang denken soll?«

In dem Moment fällt mir sofort einer ein: »Benutze keine Menschen, weder deine zukünftige Frau noch deine Kinder noch deine Patienten oder Kollegen. Achte sie als Geschenke an dich, als von Gott geschaffene und geliebte Menschen.« »Mama, weißt du, wie schwer das ist? Es trifft mich.« Josua hat leicht feuchte Augen. »Mama, ich fahre in letzter Zeit doch so oft Bus und Bahn, immer auf dem Weg von Krefeld nach Utrecht, und da begegnen mir so viele Menschen, die sich unmöglich benehmen. Es ist so schwer, diesen Satz in jeder Situation anzuwenden.«

»Josua, bevor du gehst, möchte ich noch wissen, ob ich dich mit irgendetwas verletzt habe, was wir noch nicht angesprochen haben? Bitte überleg noch mal. Lass uns die Zeit nutzen, wenn dir in den nächsten Tagen noch etwas einfällt.« Er schüttelt verneinend den Kopf.

---

14   Unter Numerus clausus, abgekürzt NC, Synonym für Zulassungsbeschränkung, versteht man Einschränkungen der Zulassung an Schulen, Hochschulen und Universitäten.

Dann drücken wir uns noch mal ganz fest, wollen kaum loslassen und sind gleichzeitig auch dankbar für die unglaubliche gegenseitige Wertschätzung. »Ich komme morgen noch mal, bevor ich wieder nach Utrecht fahre. Der Bahnhof ist ja nicht weit vom Krankenhaus entfernt.« »Ich hab dich lieb.« »Ich dich auch.« Die Tür schließt sich und ich bin wieder alleine.

# 8.
# Du darfst nicht sterben!

Ich warte, aber keiner kommt. »Was ist passiert?« Die Zeit vergeht, aber niemand klopft an die Tür. Warten ist nicht gerade meine Stärke. Meine innere Unruhe steigt. Nach einer Stunde höre ich Stimmen auf dem Flur. Und schon öffnet sich die Tür und meine Tochter tritt mit Robert herein. Ich kann mich leider nicht bremsen: »Warum kommt ihr denn jetzt erst? Josua ist doch schon vor über einer Stunde von hier weggefahren.« »Wir wollten erst wissen, was Josua von eurem Gespräch erzählen würde. Deshalb haben wir auf ihn gewartet.«

Ich freue mich, dass sie beide gekommen sind. Sie passen gut zusammen. Ich schaue sie ganz bewusst an und denke: »Wie gut ihr beiden ausseht. Wie gerne würde ich eure Hochzeit noch miterleben, eure Kinder in den Arm nehmen. Kinder brauchen Eltern, und Enkelkinder brauchen Großeltern.«

Die Bitte meiner Tochter reißt mich aus meinen Tagträumen: »Mama, du darfst nicht sterben. Als Papa mich anrief und mir sagte, dass du ein Kavernom im Kopf hast, konnte ich gar nicht mehr weiterarbeiten. Meine Arbeitskollegen merkten sofort, dass mit mir etwas nicht stimmte. Ich musste immer wieder mit den Tränen kämpfen. Ich konnte mich nicht mehr auf meine Arbeit konzentrieren. Dann rief mich der Abteilungsleiter zu sich. Es tat so gut, als er mir sagte: ›Ich weiß, wie du dich fühlst. Ich habe vor einem halben Jahr meine Mutter verloren. Wenn es dir hilft, dann geh jetzt ruhig nach Hause. Du musst die Stunden auch nicht als Urlaub eintragen. Und wann immer du Zeit für dich brauchst oder du bei deiner Mutter im Krankenhaus sein willst, sag es mir. Auch meine Arbeitskollegen waren damals so nett zu mir.«"

»Schön, dass es solche Chefs auch noch gibt«, kommentiere ich. »Wie gut, dass du Robert an deiner Seite hast. Es tut mir leid, Christine, dass du schon seit frühester Kindheit immer wieder miterleben musstest, dass ich schwer krank wurde. Ich bin stolz auf dich, dass du es geschafft hast, mich zu besuchen. Es gab Zeiten, da konntest du in kein Krankenhaus gehen. Deshalb war ich mir auch jetzt nicht sicher, ob du die innere Kraft dazu aufbringen würdest. Erinnerst du dich daran, als ›Oma Jülich‹ am Darm operiert werden musste? Da wolltest du sie nicht besuchen gehen. Ganz tief in dir sitzt diese große Angst, Menschen, die du liebst, zu verlieren.«

»Aber warum ist das denn so?«, bohrt sie nach. »Als ich mit dir im fünften Monat schwanger war, ist eine angeblich ausgeheilte Herzmuskelentzündung wieder ausgebrochen und ich habe massive Herzrhythmusstörungen bekommen. Mein Herz war damit überfordert, das Blut von uns beiden zu transportieren. So musste ich den Rest der Schwangerschaft viel liegen. Als du geboren werden solltest, sagte der Arzt: ›Frau Horn, wir wissen nicht, ob ihr Herz die Geburt schafft. Stellen Sie sich auf alles ein: Saugglocke, eingeleitete Geburt und Kaiserschnitt. Außerdem möchte ich ständig einen Internisten an meiner Seite haben.‹ So haben wir auch darüber gesprochen, dass ich sterben könnte und Papa nachher vielleicht eine süße kleine Tochter im Arm halten würde, aber keine Frau mehr hätte. Das hast du ja alles miterlebt. Es ist in deinem Unterbewusstsein gespeichert.

Auch in den Folgejahren hast du immer wieder erfahren, dass mein Herz unregelmäßig schlug. Das 24-Stunden-EKG war oft mein ständiger Begleiter. Du hast das Gerät gehasst, weil es dir gezeigt hat, dass etwas nicht in Ordnung ist. Ich habe wirklich viel über dich nachgedacht und mir so gewünscht, dass du es schaffst

hierherzukommen. Das allein ist schon ein unglaublicher Sieg.«
»Mama, du wirkst so normal, ich kann es gar nicht glauben, dass du kurz vor einer lebensbedrohlichen OP stehst. Ich fühle mich wie im falschen Film. Mein Verstand sagt mir: ›Du bist schwer krank‹, und meine Wahrnehmung meint: ›Du bist wie immer. Ich kann keinen Unterschied feststellen.‹ Ich wünschte, der Mittwoch wäre schon vorbei. Diese Spannung ist nur schwer zu ertragen.«

Jetzt mischt sich Robert ein und überrascht uns: »Ute, ich weiß in meinem Herzen, dass du gesund aufwachen wirst. Ich kann dir nicht erklären, woher ich diese Gewissheit habe. Du würdest wahrscheinlich sagen, dass es ein Eindruck von Gott ist. Aber das weiß ich nicht.« Wir haben oft miteinander über Gott gesprochen und dass er heute auch noch zu uns Menschen redet, selten mit einer hörbaren Stimme, aber oft in unsere Gedanken hinein, durch Umstände, durch Bibelverse und auch durch andere Menschen. Es berührt mich, dass Robert den Mut hat, seine Empfindungen zu äußern. Seine Sicherheit stärkt meinen Glauben, dass es wirklich eine Botschaft Gottes sein könnte.

»Mama, deine Bitte, über unsere Beziehung zu dir nachzudenken, hat bei mir so viel ausgelöst. Ich würde gerne noch mal zu einem anderen Zeitpunkt und alleine mit dir über das ein oder andere sprechen. Ich habe schon vieles notiert, aber ich habe es in meinem Kopf noch nicht geordnet. Momentan habe ich noch große Angst, dich für immer zu verlieren.«

»Das kann ich gut verstehen. Wir beide hatten ja auch schon einmal 2002 die Chance über deine Kindheit und unsere Erziehung nachzudenken. Bestimmt erinnerst du dich noch an unser gemeinsames Wochenende, als wir zusammen mit Sarah und ihrer Mutter nach Straßburg fuhren?« »Ja natürlich«, strahlt Christine. »Das war direkt nach meinem Abitur. Auch da hast du schon mal die Frage gestellt: ›Was wollt ihr in der Erziehung hinterfragen? Worin haben wir euch verletzt?‹« »Schön war doch auch, als wir euch von unseren Träumen als 18-Jährige erzählten«, schwärme ich. »Ja, Mama, du wolltest einen Franzosen oder Engländer heiraten, damit deine Kinder zweisprachig aufwachsen würden. Außerdem hast du dir zwei Töchter gewünscht und einen Mann, der Mediziner ist und mit dir zusammen eine Doppelarztpraxis aufmachen würde.«

»Glücklich ist, wer mehr Träume hat, als die Wirklichkeit zerstören kann. Inzwischen habe ich zwar einen Arzt geheiratet, aber keine Praxis und statt zwei Kindern haben wir sieben und die Sprachen musstet ihr in der Schule lernen. Mal sehen, was von euren Träumen umgesetzt wird, denn ihr konntet euch auch vorstellen, einen Ausländer zu heiraten, wonach es aber auch nicht aussieht.« »Mama, Papa muss aber sofort nach der Operation am Mittwoch anrufen. Ich weiß noch gar nicht, wie ich die sechs Stunden der Ungewissheit aushalten soll.« Dabei schossen uns beiden doch die Tränen in die Augen.

In diesem Augenblick stecken schon die Nächsten die Köpfe herein: »Seid ihr fertig oder sollen wir draußen warten?«

# 9.
# Von Biskuitrolle bis Brownies

Nein, kommt herein!« Andreas und Judit treten ein. Diesmal geht es nahtlos. »Mama, sind das nicht zu viele intensive Gespräche?« Typisch Andreas! Er hat sich schon immer in andere Menschen hineinversetzen können. Noch bevor ich mir darüber Gedanken mache, hat er es schon ausgesprochen. »Danke für deine Nachfrage. Empathie ist wirklich deine ganz große Gabe. Schon als kleiner Junge hast du mich mit erstaunlichen Fragen verwundert. Ich kann mich an eine Situation erinnern, als Oma und Opa kurzfristig einen Besuch abgesagt hatten. Ich ging zu euch ins Spielzimmer: ›Oma und Opa kommen morgen doch nicht.‹ Du hast dein Auto stehen gelassen und mir in die Augen geschaut: ›Mama, du bist darüber sehr traurig, stimmt's?‹ ›Habe ich doch gar nichts von gesagt‹, konterte ich. ›Nein, Mama, du hast es nicht gesagt, aber das spüre ich.‹ Während ich erzähle, muss Andreas schmunzeln. »Ja, ich war damals sehr traurig und vielleicht habe ich mir für heute auch zu viel emotionalen Stress zugemutet, wenn alle Kinder so intensive Stunden mit mir verbringen.«

»Mama, ehrlich gesagt habe ich nicht so viel Angst, dass du wirklich stirbst. Ich habe alles bisher eher von der medizinischen Seite betrachtet. Von Natur her bin ich ja Optimist. Ich schaue darauf, dass du zu 99 Prozent überlebst, zu 95 Prozent keine Halbseitenlähmung bekommen wirst und zu weiteren 95 Prozent deine Sprache behältst. Der Tumor ist gutartig und besteht aus Gefäßen. Es muss dir so gut wie kein Teil vom Gehirn entfernt werden. Professor Stoffel ist ein absoluter Spezialist, besonders für Kavernome. Ich habe mich im Internet über ihn schlau gemacht. Er hat schon viele solcher Operationen mit sehr guten Ergebnissen in seinem vorhergehenden Tätigkeitsfeld in München durchgeführt. Wenn ich das richtig verstanden habe, könnte es sein, dass sogar alle anderen Beschwerden, die du in den letzten vier Jahren entwickelt hast, wie Migräne, Räuspern im Hals und die vorübergehende Lähmung der linken Seite damit verschwinden und nie wieder auftreten. Ich habe mir auch genau das Gehirn im Anatomieatlas angeschaut, mir dann noch mal bewusst gemacht, wo welche Funktionen liegen, und mir den möglichen Operationsweg überlegt. Also, Kopf hoch, Mama, du hast gute Chancen, dass du geheilt wirst!«

»Andreas, ich kann mir schon gut vorstellen, wie du in einem halben Jahr mit deinen eigenen Patienten sprechen wirst. Bei deiner ruhigen, ermutigenden Art und deiner sanften Stimme wird alle Angst von ihnen weichen.«

Dann zaubert er mir noch ein Lächeln ins Gesicht, als er mir eine Printe aus Aachen überreicht. Bruchprinten aus Aachen, mit dunkler Schokolade überzogen, stehen auf Platz eins meiner Süßigkeitenliste. Wie gut, dass er schon fünfeinhalb Jahre in Aachen studiert und ich so immer wieder mal in den Genuss dieser Spezialität komme.

Judit und Andreas hatten gerade erst eine schwierige Zeit hinter sich, da Judits Vater nach einer Operation über Monate zwischen Leben und Tod schwebte. Wie furchtbar, wenn sie jetzt Ähnliches bei mir durchmachen müssten. Aber ich spüre, dass die beiden darüber erst nachdenken wollen, wenn es wirklich so weit ist. Sie betonen noch einmal: »Was nutzt es, sich immer wieder über alle möglichen Ausgänge der Operation Gedanken zu machen? Durch Sorgen macht man sich nur verrückt.«

»Andreas, du warst immer ein Sohn, den man mit den Augen lenken konnte, der nicht provozierte, mit dem man auch nicht wirklich streiten konnte. Einmal haben wir dich gestraft, weil du mit deinem Dreirad weggefahren bist und wir dich zwei Stunden suchen mussten. Und für diese Strafe haben wir uns bei dir entschuldigt. Es hätte genügt, dir einfach zu sagen: ›Mama und Papa haben sich große Sorgen gemacht. Bitte fahre nicht mehr alleine einfach weg.‹ Auch deine Geschwister konnten mit dir nicht streiten. Und noch etwas war außergewöhnlich an dir: Wenn sich der Eiswagen im Sommer vor der Tür mit lautem Hupen ankündigte, hast du dein Taschengeld geholt und allen eine Kugel Eis spendiert, nur dir selbst nicht. Im Laufe der Zeit hast du gelernt, dir auch etwas zu gönnen, aber es macht dir immer noch mehr Spaß, andere zu beschenken.«

Nun wende ich mich Judit zu: »Wie geht es dir, was macht das Deutschlernen, vermisst du Barcelona?« »Nein, ich habe kein Heimweh und eure Sprache macht Spaß. Bald habe ich meine Prüfung. Andreas fährt mit nach Bonn, wo ich mein Examen absolviere.« »Werdet ihr dann versuchen, zwei Assistenzarztstellen am gleichen Ort zu bekommen?« »Ja, ich kann mir mittlerweile vorstellen, in Deutschland meinen Facharzt in Kinderheilkunde zu machen.« »Dein Deutsch ist schon richtig gut geworden. Weißt du noch, wie wir uns am Anfang auf Französisch unterhalten haben? Ich konnte kein Spanisch, du kein Deutsch, aber da ich zwei Jahre auf Französisch in Belgien studiert habe, fanden wir eine gemeinsame Sprache.«

Jetzt schaltet sich Andreas wieder ein: »Mama, danke für alles, was du uns Kindern geschenkt hast. Es war schön, dass du für uns immer zu Hause warst. Danke, dass du uns viel beigebracht hast. Wie gut, dass ich bei dir kochen und backen gelernt habe. Dafür wurde ich schon oft gelobt und ich kann immer ein Geschenk selbst herstellen. Die meisten wollen gar nicht glauben, dass ich alles selbst mache, von der Biskuitrolle bis zur Ferrero-Rocher-Torte, von Schokocrossies bis Brownies. Schön, dass du mir geholfen hast, das interessanteste Studium der Welt zu wählen. Ich bin so glücklich mit dem, was ich lernen durfte.«

# 10.
# Go for Gold, Mama!

Wieder klopft es. »Das ist ja wirklich wie im Taubenschlag«, lache ich. »Soll ich noch warten?«, fragt Daniel. »Nein, tritt ein. Du kommst genau richtig. Wir sind gerade fertig geworden.« Daniel, unser zweiter Sohn, das dritte Kind, ist alleine hergeradelt. »Wollen wir nicht noch zusammen Kaffee trinken? Ich brauche mal eine Verschnaufpause«, schlage ich vor. Draußen gibt es eine Cafeteria mit kleinen Törtchen, Kaffee, Tee und Cola. Für jeden ist etwas dabei und so setzen wir uns an einen Vierertisch.

Wie gerne würde ich jetzt mit den dreien Doppelkopf spielen, ein Kartenspiel, für das man immer vier Personen braucht. Es begleitet mich von Kindheit an und vermittelt mir das Gefühl von Geborgenheit, Heimat, Urlaub und Zusammenhalt. Aber leider geht das jetzt nicht. Ich will doch noch mit meinen Kindern sprechen.

»Wie lief das denn heute Morgen bei euch?«, frage ich. »Eigentlich ganz gut«, antwortet Andreas. »Wir haben am Abend vorher die Aufgaben verteilt. Daniel holte die Brötchen, Christine kochte Kaffee und ich deckte den Tisch. Auch das Einkaufen fürs Essen verlief reibungslos. Du hast uns doch beigebracht, vorher alles abzusprechen. Wie oft haben wir die Augen verdreht, wenn du wieder gesagt hast: ›Nun lasst uns mal planen.‹ Oder auch deine Aktionen mit dem Löffel, den man in die Hand nehmen musste, um reden zu dürfen. Nur wer den Löffel hielt, konnte ein Essen vorschlagen oder einen Wunsch für eine Unternehmung oder ein Spiel äußern. Aber bei neun Personen redeten immer zu viele Stimmen durcheinander.« »Ehrlich gesagt fiel es mir schwer, zu wissen, dass ihr jetzt ohne mich zu Hause seid. Nicht, dass ich es euch nicht zugetraut hätte, euch alleine zu versorgen, sondern dass ich euch nicht verwöhnen konnte. Wenn man 28 Jahre lang Familienmanagerin ist, dann wird dieser Beruf zur zweiten Haut.«

Der Kaffee ist mittlerweile ausgetrunken. Nun machen sich Judit und Andreas auf den Nachhauseweg und Daniel und ich gehen zurück ins Krankenzimmer.

Ich betrachte den Blondschopf, der so viel Ähnlichkeit mit meinem Vater hat: beide mit dem gleichen Charme, der gleichen Leidenschaft, im Spiel zu gewinnen, und der gleichen Freude, anderen Menschen etwas beizubringen. Seit drei Jahren arbeitet er neben seinem Studium noch in einem Altenheim. Er hat wirklich eine gute Art mit Menschen umzugehen. Ich muss auf einmal lächeln, als ich an eine seiner vielen Geschichten denke. Er brachte einer alten Dame ihren Nachmittagskaffee und fragte sie: »Wie trinken Sie den Kaffee am liebsten: mit Milch, Zucker oder schwarz?« Daraufhin himmelte sie ihn an: »Mit Ihnen.«

»Daniel, ich möchte dir zuerst danken, dass du an Weihnachten und an meinem Geburtstag so oft dafür sorgtest, dass wir vier Leute zusammenbekamen, um Doppelkopf zu spielen. Das hat mir immer so viel bedeutet.« »Na ja, das war ja auch ein bisschen egoistisch von mir«, kommentiert Daniel. Uns beide verbindet die Liebe zum Spiel. Immer wenn Daniel nach Hause kommt, ist Spielezeit.

»Mama, was willst du ändern, wenn du am Mittwoch gesund aufwachen darfst?« Jetzt bin ich nicht nur körperlich, sondern auch seelisch wieder in meinem Krankenzimmer. Auch Daniel hat sich auf die Stunde mit mir gut vorbereitet: »Ich würde mir wünschen, dass Papa und du vielleicht noch mal einen Tanzkurs belegt. Als ihr euch kennengelernt habt, habt ihr doch so viel miteinander getanzt, habt ihr nicht beim Silberkurs der Standardtänze aufgehört? Go for Gold,[15] Mama! Ihr arbeitet immer so viel als Eltern, Papa als Oberarzt, du als Referentin, Seelsorgerin und Buchautorin. Kommt ihr beide da nicht manchmal ein bisschen zu kurz? Du hast doch den tollen Spruch auf der Gästetoilette hängen: ›Das Wichtigste, was ein Vater für seine Kinder tun kann, ist, ihre Mutter zu lieben.‹ Und ich weiß, wie gerne du tanzt. Welche Wünsche sind noch offen in deinem Leben?«

»Daniel, du hast ins Schwarze getroffen. Aber diese Frage ist nicht so leicht zu beantworten. Ich werde mir Zeit nehmen, darüber nachzudenken. Ich befinde mich wirklich im Umbruch. Alle Kinder verlassen in den nächsten zwei Jahren unser Haus; Zeit, noch mal neu die Karten zu mischen, sich Gedanken darüber zu machen, welche Prioritäten ich setzen will. Wo möchte Gott mich haben?«

Ich staune über meinen Sohn. Er bringt in mir Seiten zum Klingen, die lange nicht mehr angestimmt wurden. »Was will ich eigentlich?«, habe ich mich lange nicht mehr gefragt. Ich bin schwimmen gegangen, weil meine Kinder schwimmen lernen mussten oder einen Fahrer brauchten, der sie ins Hallenbad fuhr. Aber hätte ich das auch ohne sie getan?

Wenn ich Lust auf eine Banane hatte, aber gleichzeitig ein Kind diese wollte, habe ich sie ihm überlassen. Wenn ich am Essenstisch sitze, frage ich nicht: »Worauf habe ich Hunger oder Appetit?«, sondern: »Was muss weg? Was möchte kein anderer essen?« Deshalb genieße ich es so, wenn wir bei Freunden zum Essen eingeladen sind und ich mir das auf den Teller tun kann, worauf ich Lust habe.

---

15 Titel des offiziellen Hits der Olympischen Sommerspiele in Seoul 1988; englisch für: »Gewinn die Goldmedaille.«

Mich überfordert die Frage: »Mama, was willst du?« Darüber habe ich mir schon so lange keine Gedanken mehr gemacht. Hauptsache, die Kinder waren alle glücklich.

Umso mehr freue ich mich über den folgenden Satz: »Mama, wir haben uns überlegt, mit dir am Sonntagnachmittag Doppelkopf zu spielen. Du darfst immer spielen und wir wechseln uns ab. Die, die nicht spielen, sitzen draußen in der Cafeteria und dann kommen wir abwechselnd zu dir ins Zimmer.« »Das ist ja fast wie Weihnachten und Geburtstag zusammen«, freue ich mich. »Super Idee!«

»Mama, du liebst doch Sprüche. Ich habe einen für dich mitgebracht: ›Im Leben geht es nicht darum, gute Karten zu haben, sondern auch mit einem schlechten Blatt gut zu spielen.‹ Der ist von Robert Louis Stevenson. Ich dachte, dass das in die momentane Situation gut passt. Dein Lebensblatt sieht zurzeit nicht gut aus, aber es scheint so, dass du trotzdem daraus das Beste machst.« »Danke, ich werde ihn mir zu Herzen nehmen. Daniel, weißt du noch, was du gefragt hast, als du zum Freiwilligen Sozialen Jahr nach Kanada gingst?« »Ja, ich glaube schon. Ich habe gesagt: ›Ich bin mal gespannt, was du am meisten vermisst, wenn ich jetzt für zwölf Monate nicht zu Hause bin.‹«

»Ja, und da fiel mir ganz viel ein: dein tägliches Klavierspiel und deine Freunde, die du immer wieder eingeladen hast. Wie oft hast du deine Geschwister und mich gebeten, doch den Abend mit euch zusammen zu verbringen! Dann dachte ich noch an deine Dankbarkeit. Ich treffe selten Menschen, die aussprechen, für was sie dankbar sind. Und das fiel nicht nur mir auf, sondern auch deiner Klavierlehrerin und Eltern von Klassenkameraden. Und dann die vielen Spiele, die wir zusammen gemacht haben. Wir haben hart um den Sieg gekämpft, wobei ich nur in Wortspielen, bei Mah-Jongg und Doppelkopf eine wirkliche Chance hatte. In allen anderen Spielen warst du mir überlegen.«

Am liebsten würde ich fragen, was er vermissen würde, wenn ich am Mittwoch sterben würde. Aber das wäre unfair. Schon diese Art von Gesprächen ist für viele Kinder nicht einfach. Wenn Mütter sterben, ist es immer zu früh, egal, wie alt man ist. Daniel ist jetzt 24 Jahre alt. Ich war 40 Jahre alt, als meine Mutter starb, und hatte gerade mein siebtes Kind entbunden. Ihr Tod war eindeutig zu früh. Ihr ältestes Enkelkind war erst zwölf Jahre alt. Wie gut hätte ich ihren weisen Rat durch die wilden Jahre der Pubertät meiner Kinder gebrauchen können. Wie gerne hätte ich mit ihr die Feste unserer Kinder gefeiert: Geburtstage, Weihnachten, Taufen und Hochzeiten. Besonders an solchen Festtagen fehlt sie schmerzhaft. Einer Freundin gegenüber sagte ich mal: »Als meine Mutter starb, habe ich den Ort verloren, an dem ich verwöhnt wurde.«

Wir wohnten nur eine Dreiviertel-Autostunde entfernt, und wenn mir die Decke mal wieder auf den Kopf fiel, ich müde und ausgebrannt war, rief ich bei ihr an und fragte: »Mutti, kann ich spontan mit den Kindern vorbeikommen?« Sie stimmte immer zu, rannte noch schnell zum Bäcker, kaufte Nussecken, weil ich die so gerne aß, und schon trafen wir gleichzeitig zu Hause ein. Wenn ich fragte, ob ich noch schnell vor der Abfahrt spülen sollte, meinte sie, die bis zuletzt keine Spülmaschine besaß: »Nein, das mache ich nachher. Fahr du schon mal. Du musst ja noch alle Kinder ins Bett bringen.«

Mittlerweile ist schon Abendbrotzeit im Krankenhaus. Daniel und ich teilen uns die Brote und den Salat. Dann frage ich Daniel: »Habe ich dir irgendwann mal etwas versprochen, das ich nicht gehalten habe? Habe ich dich irgendwann verletzt? Möchtest du noch irgendetwas persönlich mit mir besprechen?« Er schüttelt den Kopf.

Eine tiefe Verletzung in seinem Leben konnten wir schon vor Jahren ausräumen. Er war erst zwei Jahre alt, als wir ein kleines, fünfzehn Monate altes Mädchen mit Namen Nicole in Pflege nahmen. Sie blieb bis zu ihrem vierten Lebensjahr und kam danach oft in den Ferien zu uns. Viele Jahre später wollte uns Nicole wieder einmal besuchen. Alle Kinder waren begeistert, nur Daniel, mittlerweile etwa zehn Jahre alt, sperrte sich: »Ich will nicht, dass Nicole zu uns kommt.« Wir verstanden die Welt nicht mehr, weil Daniel und Nicole früher unzertrennlich gewesen waren.

Nach langen Gesprächen entdeckten wir die Ursache seiner Ablehnung, als er plötzlich sagte: »Sie nimmt mir immer alles weg.« Dabei weinte er bitterlich. Als wir Nicole fragten, wie sie Daniel sieht, meinte sie: »Ich mag Daniel. Er gibt mir immer alles.« Als die beiden Kinder diese Sätze sagten, wurde mir schlagartig etwas bewusst. Ich nahm Daniel auf den Schoß und versuchte ihm zu erklären, wo seine Abneigung gegenüber Nicole wahrscheinlich herrührte.

»Daniel, als Nicole damals zu uns kam, warst du erst zwei Jahre und sie war fünfzehn Monate alt. Sie hatte nichts und so sagten wir zu dir: ›Du bist doch jetzt schon groß und brauchst den Hochstuhl nicht mehr. Du darfst jetzt auf der Bank sitzen, und dein Kinderbett mit den Gitterstäben kannst du doch auch jetzt Nicole überlassen, die hat kein Bett. Du bekommst dafür ein richtiges, großes Bett.‹ Als ich dir dann noch sagte: ›Und du hast zwei Anoraks, Nicole hat keinen. Den zweiten zieht jetzt Nicole an‹, gucktest du mich mit großen Augen an und meintest: ›Nicht auch noch den Anorak, Mama.‹ Jetzt verstehst du vielleicht, woher dieser Satz: ›Sie nimmt mir immer alles weg‹, kommt. Er ist in deinem Unterbewusstsein gespeichert. Du wurdest schon als Nesthäkchen von einem auf den anderen Tag entthront und dann musstest du auch sofort groß sein und alles abgeben. Das war zu viel für dich.«

Wir entschuldigten uns damals bei Daniel, dass wir ihn als Zweijährigen überfordert hatten, und er vergab uns auch. Wie viel

doch Kinderseelen verkraften müssen und wie gut, wenn das ein oder andere aufgedeckt und erklärt werden kann.
»Meinst du, dass noch jemand kommt? Drei fehlen ja noch«, möchte ich von Daniel wissen. »Ich weiß es nicht. Vielleicht denken meine jüngeren Geschwister auch, dass sie nicht unbedingt heute erscheinen müssen, weil sie ja noch zu Hause wohnen.«
»Jetzt hätte ich fast vergessen, dir diese Karte zu geben.« Er zieht eine mit Blumenmotiven aus der Tasche. Ich staune. Alle seine Freunde haben unterschrieben. Während ich lese, muss ich schmunzeln. Da steht auf Deutsch-Holländisch:

Vielen gut Besserung von: Lennard und Michaël, Tim und Frank, Giel und Kevin, Tomer und Friso, Rembrandt und Francesco, Paul und Nick, Daniel und Rick, Daniel und Esther.

Sie wünschen mir alles Gute für die Operation. »Mama, ich musste ihnen immer wieder versichern, dass es dir gut geht und du noch nicht einmal daran gedacht hast, dass es nur aufgrund des Wochenendes passiert sei.« »Das war mir ganz wichtig, ihnen diese Schuldgefühle zu nehmen. Hoffentlich hält sie das nicht davon ab, uns noch mal in Krefeld zu besuchen.« »Nun werde erst mal wieder ganz gesund, Mama, bevor du schon wieder planst. Ich mache mich jetzt auf den Heimweg, damit du noch etwas Ruhe hast.« »Ich freue mich schon auf morgen«, rufe ich ihm noch hinterher, aber ob er das noch gehört hat?

Nun umfängt mich wieder die Stille. Anspannung weicht von mir. Es war ein anstrengender, aber auch sehr guter Tag. Ich mache mir noch Stichpunkte von den Gesprächen. Sie sind so kostbar und ich möchte sie nicht vergessen. »Abschied mitten im Leben!«, denke ich plötzlich. Welches Vorrecht, dieses mit 58 Jahren aufräumen zu dürfen. Wann nehme ich mir sonst Zeit für so tiefe und gute Begegnungen? Wie wertvoll sind doch Menschen und wie selten sagen wir es ihnen! Immer wieder muss ich darüber nachdenken, ob ich noch Wünsche für die Zukunft habe. Auf einmal kommt mir das Stück in den Sinn, das Daniel so oft auf dem Klavier spielte: »Comptine d'un autre été« von Yann Tiersen[16]. Ich hörte es so gerne und denke jetzt darüber nach, meine mickrigen Klavierfähigkeiten doch noch mal auszupacken, um dieses Stück spielen zu können. Ob ich so viel Disziplin aufbringen werde? Daniel würde sich bestimmt freuen und mir dabei helfen. Er gab als 17-Jähriger schon Klavierunterricht. Mit den Klängen dieses Musikstückes im Ohr sinke ich in einen tiefen Schlaf.

---

[16] Bekanntes Kinderlied aus dem Film: Die fabelhafte Welt der Amelie, Comptine d'un autre été, französisch für: »Kinderlied aus einem vergangenen Sommer« oder »Abzählreim aus einem vergangenen Sommer«.

# 11.
# Das Hemd ist immer zu kurz

Heute ist Sonntag – noch drei Tage bis zur Operation. Der Morgen verläuft ruhig. Meine Familie ist in den Gottesdienst gefahren. Thomas kommt direkt danach vorbei, während die Kinder schon das Mittagessen vorbereiten. Er ist weiß wie die Wand und lässt sich in den Sessel fallen.

»Ich bin so erschöpft, ausgelaugt und unendlich müde«, sind seine ersten Worte. »Das sehe ich und das ist ja auch kein Wunder. Du arbeitest meistens mehr als acht Stunden am Tag. Dann besuchst du mich, wenn auch oft nur kurz, informierst dich, welche Entscheidungen noch getroffen werden müssen und wir tauschen aus, was zu tun ist.« »Mittlerweile wissen schon so viele Menschen von dem bevorstehenden Eingriff, dass ich immer hoffe, dass niemand anruft«, stöhnt Thomas und fährt fort: »Ich glaube, dass es eine gute Idee war, jeden zweiten Abend eine Rundmail zu verfassen, damit Freunde und Verwandte auf dem Laufenden sind. In der Mail habe ich darum gebeten, von Anrufen abzusehen.

Es fällt mir auch schwer, mich mit den gut gemeinten Ratschlägen auseinanderzusetzen. Die verletzen mich. ›Habt ihr eine Zweitmeinung eingeholt? Muss man wirklich operieren? Wäre nicht eine Bestrahlung besser? Ich kenne einen Spezialisten. Schick mir mal die Bilder von Utes Kopf.‹« »Ich erinnere mich daran, dass du die Bilder an einen Nuklearmediziner schicken wolltest. Hast du da schon eine Antwort?«, hake ich nach. »Ja, aber die Antwort möchtest du nicht wirklich wissen. Er sagte, dass das Angiom für eine Bestrahlung schon zu groß sei. Außerdem betonte er noch mal das große Operationsrisiko. Er sei sich nicht sicher, ob er seine Frau operieren lassen würde, und meinte: ›Ich möchte jetzt nicht in eurer Haut stecken.‹«

Wir auch nicht wirklich.

Doch dann erhellt sich sein Gesicht, als er mir von der E-Mail einer Frau erzählt, die vor einigen Jahren ihren Mann bei seiner Krebserkrankung bis zum Tod begleitet hat. Er sucht sie in seinem Smartphone und liest sie mir vor: »Thomas, wie geht es dir denn eigentlich? Als mein Mann an Krebs erkrankte, ging es immer nur um meinen Mann. Jeder erkundigte sich nach ihm. Keinen interessierte, wie ich das alles verkraften würde. Deshalb frage ich ganz besonders nach dir. Was macht die Erkrankung deiner Frau mit dir? Hast du Angst? Wie geht es deiner Seele? Lässt du Gefühle überhaupt zu?«

Mich berührt die Sensibilität dieser Frau. Es tut gut, auch solche Zeilen hören zu dürfen. Thomas schaut auf: »Durch diese Sätze merke ich, dass ich eigentlich nur funktioniere, ohne groß nachzudenken. Ich tue das, was vor meinen Füßen liegt, organisiere den Haushalt, bespreche mit den Kindern, wer wann kocht, wäscht und einkauft. Und bei vier Männern ist das nicht so einfach. Das kannst du dir ja gut vorstellen. Keiner fühlt sich zum Hausmann berufen. Jeder ist mit seinem Schmerz alleine. Keine Frau, die mal fragt: ›Wie geht es dir?‹, und an deren Schulter man sich anlehnen oder auch mal weinen kann. Wer deutet die Wutanfälle schon richtig?

Und wenn ich dann abends müde nach Hause komme, fällt mir nur auf, was nicht gut läuft. Und schon fängt der Streit an: ›Warum brennt das Licht? Warum ist die Garage offen? Warum ist das Fahrrad noch nicht repariert?‹ Ich weiß nicht, wo ich zuerst anfangen soll. Was ich auch tue, immer vernachlässige ich etwas anderes. Ich kann es nur falsch machen. Ich hetze von einem Termin zum anderen und bin doch nirgends wirklich. Wenn ich dich morgens noch besuche, bin ich in Gedanken schon bei der ersten Operation. Manchmal ruft schon ein Arzt oder eine Schwester an, um Rat zu bekommen. Und wenn ich abends zu dir gehe, denke ich schon ans Einkaufen. Ich weiß aber auch keine Lösung. Wenn ich ganz ehrlich bin, bin ich oft zu müde, um dich zu besuchen. Das tut mir auch leid. Du merkst natürlich, dass ich in Gedanken nur halb bei dir bin.

Und zu Hause stelle ich fest, dass die Kinder mir oft aus dem Wege gehen. Sie spüren meine Unausgeglichenheit und Müdigkeit. Vielleicht soll ich mir Hilfe holen. Manchmal bieten mir Frauen ihre Unterstützung an: Wäsche waschen, Bügeln und Essen kochen. Aber schon die Organisation ist mir zu viel. Dann muss ich wieder planen. Wer kocht wann und vor allem was? Wer bringt die fertigen Speisen wann vorbei? Wie kommt das Geschirr wieder zurück? Ich bin überfordert und dann antworte ich lieber, dass ich keine Hilfe brauche. Eine Bekannte kommt ab und zu, bügelt einfach die Wäsche, ohne groß zu reden und zu fragen. Das ist im Moment das Beste und Angenehmste. Zur Not müssen wir uns eben aus der Tiefkühltruhe und von Konserven ernähren. Du kennst mich ja. Wenn ich zu viel Stress habe, dann schmeckt mir gar nichts mehr. Oder am liebsten Strammer Max und Bratkartoffeln, das krieg ich hin.«

»Soll ich vielleicht Uschi mal fragen, ob sie für ein bis zwei Wochen zu uns zieht?«, frage ich Thomas. »Sie hat doch immer so einen guten Draht zu den Kindern, kocht so, dass die Kinder es gerne essen, und kann sie gefühlsmäßig auffangen, mit ihnen lachen, weinen und beten.« »Das ist eine gute Idee. Tagsüber kann sie dich dann auch mal besuchen. Besonders jetzt in der Woche der Operation wäre sie eine große Hilfe und Unterstützung. Ich bete auch so gerne mit Uschi.« Plötzlich fällt sein Blick auf seine Uhr. Traurig stellt er fest: »Die Zeit ist schon wieder um. Ich bin schon wieder zu spät. Die Kinder warten schon seit 13 Uhr mit dem Mittagessen auf mich.« »Und dabei hätten wir jetzt auch mal ein paar Minuten für uns: kein Telefonat, kein Besuch, da sich viele in der Mittagszeit nicht trauen, anzurufen und vorbeizukommen«, stöhne ich.

Aber ich bitte ihn nicht zu bleiben. Er ist schon aufgestanden und gibt mir einen Kuss auf die Stirn. Die Kinder hätten bestimmt Verständnis, dass wir noch mehr Zeit für uns brauchen, aber Thomas ist schon auf dem Sprung. So lasse ich ihn ziehen. Wir haben noch gar nicht darüber gesprochen, wie die Kinder die Zeit bei mir im Krankenhaus erlebt haben, was Thomas vom Samstag erfahren hat und welche Gespräche zu Hause gelaufen sind. Aber ich wage nicht zu fragen, denn mit einem Bein sitzt er bereits wieder auf seinem Fahrrad und in Gedanken entschuldigt er sich schon bei den Kindern, dass er zu spät ist.

»Bitte ruf du die Kinder an und sag ihnen, dass ich jetzt erst bei dir losfahre, ja? Bis später.« Schon ist er weg. Mein Mann – immer ein Leben auf der Überholspur. Ich kann ihn so gut verstehen und ich wünsche mir, dass er sich nach dem Essen zu einem Mittagsschlaf zurückzieht. Vielleicht kann er ja auch die Zeit für sich nutzen, wenn die Kinder nachmittags noch mal ins Krankenhaus kommen.

# 12.
# Wer hat die Macht?

Ich schließe für ein paar Minuten die Augen. Ich traue mich nicht, an die frische Luft zu gehen, da ich die Kinder nicht verpassen möchte.

Nach der Mittagsruhe nehme ich das Buch »Den Himmel gibt's echt«[17] von Todd Burpo in die Hand und lese darin. Freunde haben es mir für meinen Krankenhausaufenthalt ausgeliehen. Der Inhalt zieht mich sofort in seinen Bann. Es fasziniert mich, dass der vierjährige Colton lebensgefährlich erkrankt und hinterher erzählt, dass er während der schweren Zeit für vier Minuten im Himmel gewesen sei.

Ich lese gerade, wie er seine Mutter fragt: »Warum hast du mir nicht gesagt, dass ich noch eine Schwester habe?«, als es an meiner Tür klopft. Die Antwort auf diese brisante Frage werde ich erst später erfahren.

Die Tür öffnet sich und ich sehe in Nicoles Augen. »Was machst du denn hier?«, frage ich sie erstaunt, da sie sechzig Kilometer von uns entfernt wohnt. »Als ich hörte, dass du so schwer krank bist, habe ich alles in Bewegung gesetzt, um zu kommen. Ich musste dich unbedingt sehen, Mama.« Ich freue mich darüber, wie selbstverständlich ihr das Wort »Mama« wieder über die Lippen kommt. Von ihrem ersten bis knapp vierten Lebensjahr waren wir ihre Pflegefamilie. Als ihr Vater wieder heiratete, ging sie zu ihm zurück, durfte aber in allen Ferien mit uns in

---

[17] Todd Burpo, Den Himmel gibt's echt, Holzgerlingen, SCM Hänssler, 14. Auflage 2014.

Urlaub fahren. Von ihrem fünften bis achtzehnten Lebensjahr nannte sie mich Ute. Erst als sie ihr Elternhaus verließ und ihre leibliche Mutter starb, fragte sie mich eines Tages, ob sie wieder Mama zu mir sagen dürfe. Seither sehen wir uns in unregelmäßigen Abständen. Heute kommt sie nicht alleine, sondern bringt ihren Freund mit. Er hat ein Auto und sich angeboten, sie zu fahren. Nicole drückt mich herzlich: »Als ich die SMS über deine Gehirnblutung las, habe ich furchtbare Angst gehabt, dass du sterben musst. Du darfst nicht sterben, bitte.« Wie gerne würde ich Nicole antworten: »Du brauchst keine Angst zu haben. Ich überstehe das.« Aber ich kann nur sagen: »Mein Leben liegt in Gottes Hand«, und doch füge ich hinzu: »Bisher sieht es gut aus. Außerdem möchte ich doch noch miterleben, wie Deutschland Europameister wird.« Wir müssen alle drei lachen.

Dann erzähle ich ihr von einer sehr beeindruckenden jungen Israelin.»Nicole, mich hat mal die Geschichte einer jungen Frau sehr bewegt. Sie hatte Leukämie und vier kleine Kinder. Sie wurde eines Tages gefragt: ›Wie kannst du noch so glücklich sein, wenn du bald an Leukämie sterben musst?.‹ Sie antwortete daraufhin: ›Ich sterbe doch nicht an Leukämie. Die Macht über mich gebe ich keiner Krankheit. Ich sterbe nur, wenn meine Zeit abgelaufen ist und Gott mich nach Hause ruft.‹

Diese Worte habe ich nie mehr vergessen und so möchte ich es auch handhaben. Ich gebe dem Kavernom weder die Macht über mein Leben noch über meinen Tod. Auch nicht dem Operateur, sondern nur Jesus Christus.« »Ich werde für dich am Mittwoch beten, damit alles gut geht. Papa soll gleich eine SMS schreiben, wenn alles vorbei ist, versprichst du mir das?« »Ich werde es ihm sagen. Am besten setzt er dich gleich mit auf die Sammel-SMS, da sind alle Kinder und die engsten Freunde drin. Wie geht es dir denn, Nicole?« »Sprechen wir lieber über dich, Mama. Ich will alles wissen. Warum ist das passiert? Woher kommt so ein

Tumor? Wie lange wird die Operation dauern? Ab wann kann ich dich wieder besuchen? Können wir nächsten Samstag noch mal kommen?«»Du hast aber wirklich viele Fragen. Fange ich mit der letzten an. Ich denke schon, dass du mich am Samstag wieder besuchen kannst.«

Und dann erzähle ich wieder die ganze Geschichte ... Nicole und ihr Freund hängen an meinen Lippen.»Das ist ja wie ein Krimi«, bemerken sie.

Mittlerweile ist es schon 15 Uhr. Wo bleiben denn die anderen Kinder? Doch da hören wir lautes Stimmengewirr.»Ist Daniel auch dabei?«, fragt Nicole. Und schon stehen die Kinder im Türrahmen und sind ganz überrascht:»Was machst du denn hier, Nicole? Hast du deinen kleinen Sohn auch mitgebracht?«, singen sie fast im Chor.»Mama besuchen. Nein, Miguel ist heute nicht mit, aber wahrscheinlich nächsten Samstag«, antwortet sie mit aller Selbstverständlichkeit.»Wollen wir einen Kaffee trinken gehen?«, schlage ich vor.

»Mama, am besten bleibst du gleich im Zimmer und fängst schon mal an, mit den ersten dreien Doppelkopf zu spielen, sonst wird das nichts mehr. Wir sind doch deshalb extra noch mal wiedergekommen«, organisiert Daniel.»Wir Übrigen können uns ja mit Nicole und ihrem Freund unterhalten und ihnen Kaffee und Kuchen spendieren«, schlägt Christine vor.»Sollen wir dir auch etwas mitbringen? Auf welchen Kuchen hattest du denn Appetit? Auf deinen Lieblingskuchen: Pflaumenkuchen und eine Tasse Kaffee mit Milch?«»Das wäre schön«, freue ich mich.»Ansonsten Streuselkuchen.«

Sie mischen die Karten und teilen aus. Man denkt wirklich nicht, dass ich so schwer krank bin, wenn man uns so beobachtet. Andreas, Josua, Daniel und ich sind in der ersten Runde dabei. Judit, Robert, Tine, sowie Nicole und ihr Freund sitzen in der Cafeteria. Kurz darauf kommt Thomas noch dazu.

Es berührt mein Herz, wie sich meine Familie überlegt, was mir guttun würde. Sie wollen mir die letzten Tage vor der Operation noch so angenehm wie möglich gestalten. Die Sonne scheint ins Zimmer und wir haben viel Spaß.

Nach einer Stunde schaut Christine zur Tür herein. »Wie weit seid ihr denn? Wollen wir Spieler austauschen? Oder wollen wir lieber noch mal alle etwas zusammen machen? Denn wenn ihr nur alleine spielt, dann können wir auch schon nach Hause fahren.« Hatten wir die anderen ganz vergessen? »Was ist mit Nicole?«, erkundige ich mich. »Die will gleich fahren.«

Christine spielt nicht so gerne Doppelkopf und die anderen müssten es erst noch lernen. Doch eine Stunde Spielen ist genug und wir verbringen lieber noch alle zusammen die Restzeit. Am Spätnachmittag ziehen dann alle wieder zum Bahnhof…

Ich lasse mich müde in mein Kissen fallen und denke über alles nach. Die drei »Kleinen« habe ich vermisst. Morgen werde ich sie anrufen und bitten, doch noch zu kommen.

Jetzt bin ich erst mal gespannt auf mein Buch. Colton hatte seine Mutter gefragt: »Warum hast du mir nicht gesagt, dass ich noch eine Schwester habe?« Zunächst weicht die verdutzte Mutter aus und behauptet, dass er keine weitere Schwester habe. Aber er fährt fort: »Doch, ich habe noch eine Schwester. Ich habe sie im Himmel getroffen. Sie hat noch keinen Namen, aber sie sieht so aus wie meine ältere Schwester. Warum hast du mir das nicht gesagt?« Die Mutter erzählt nun, dass sie vor der Schwangerschaft mit Colton eine Fehlgeburt gehabt, aber niemandem außer ihrem Mann davon erzählt habe. Die Tränen laufen ihr über die Wangen, weil ihr Sohn nun sagt, dass dieses Kind, das sie »verloren« glaubte, gar nicht »verloren« sei, sondern im Himmel weiterlebe.[18]

---

[18] Vgl. Todd Burpo, Den Himmel gibt's echt, Holzgerlingen, SCM Hänssler, 14. Auflage 2014, S. 99–102.

Mir werden die Augen auch gleich mit feucht, weil ich selbst auch mehrere Kinder »fehlgeboren« habe. Und jetzt werde ich in diesem wunderbaren Buch darin bestätigt, dass alle fehlgeborenen Kinder im Himmel weiterleben.

Tief bewegt schlafe ich ein.

# 13.
# Zwei Boten

25. Juni 2012. Montagmorgen – noch zwei Tage bis zur OP. Nach dem Duschen und Frühstücken kommt die Reinigungskraft in mein Zimmer. Sie putzte schon letzte Woche den Boden und das Bad. Obwohl sie immer so traurig aussah, habe ich sie nie angesprochen. Am ersten Tag auf Station wurde ich Zeugin eines Gesprächs zwischen ihr und einer anderen Patientin, die ihr einen Umschlag mit den Worten gab: »Das ist für Sie. Sie sehen immer so betrübt aus.« Daraufhin antwortete sie: »Meine Mama ist so schwer krank, aber sie ist in Russland und ich kann sie nicht besuchen. Ich habe Angst, dass sie stirbt.«

Heute Morgen scheint sie irgendwie verändert. Sie kommt auf mich zu: »In welche Gemeinde gehst du?« Ich bin etwas perplex. Ist es üblich, Patienten zu duzen? »Ich besuche eine Freikirche«, antworte ich trotzdem bereitwillig und überlege, woher sie weiß, dass ich an Gott glaube. Dann fährt sie fort. »Seitdem du hier liegst, muss ich ständig für dich beten.« »In welche Kirche gehst du denn?«, möchte ich nun wissen. »Ich gehe in eine russisch-orthodoxe Gemeinde in Düsseldorf.

Gestern habe ich unseren Priester gefragt, ob das normal sei, für eine wildfremde Frau beten zu müssen. Er hat mich darin mit den Worten ermutigt, dass Gott uns manchmal einen Auftrag zur Fürbitte gibt. Weißt du, ich bete viel, eigentlich mache ich nichts anderes, seitdem meine beiden Töchter aus dem Haus sind. Heute Nacht, als ich wieder für dich gebetet habe, sagte Gott dreimal zu mir: ›Geh morgen zu dieser Frau und sage ihr Folgendes: »Ich kann

*ihr die Operation nicht ersparen, aber sie wird gesund aufwachen.«‹* Glaubst du das? Ich verlasse dieses Zimmer nicht, bevor du mir sagst, dass du mir glaubst. Dreimal hat Gott mir diesen Auftrag gegeben...«
 Ich bin wie im Schockzustand und gleichzeitig total verwirrt. Ich versuche zu erfassen, was mir die Frau im blauen Kittel deutlich machen will. Ich verstehe ihre Sätze nicht richtig. Unser Gott, der Allmächtige, der nur ein Wort sagen müsste, um mich zu heilen, lässt mir ausrichten, dass er mir diese Operation nicht ersparen kann? Ich bin durcheinander. Auffordernd schaut mich die Raumpflegerin an. »Ich gehe nicht eher, bevor du mir bestätigt hast, dass du mir glaubst«, und sie strahlt dabei. »Wenn man mit so einer Botschaft kommt, muss man sich schon sehr sicher sein«, denke ich. Ich nicke und sage vorsichtig, so als ob ich mich nicht richtig traue: »Ich glaube dir.« Sie strahlt übers ganze Gesicht und verspricht: »Wenn du am Mittwoch operiert wirst, dann werde ich die ganze Nacht von Dienstag auf Mittwoch für dich beten.« Nun wischt sie fast tänzelnd den Boden fertig und schiebt dann ihren Putzeimer hinaus.
 Sie ist weg. Ich bin wieder alleine. Ich kneife mich, um sicher zu sein, dass ich nicht geträumt habe. »Nein, ich bin bei Verstand.« Was für ein Erlebnis!
 Aber jeder Mensch kann irren. Wer kann schon von sich behaupten, dass er absolut – also über jeden Zweifel erhaben – sagen kann, dass er Gottes Stimme hört? Bleibt nicht eine Restunsicherheit, die erst im weiteren Verlauf des Lebens weichen kann, wenn das auch wirklich eintrifft, was prophezeit wurde? Was ist, wenn sie sich geirrt hat und ich doch bei der OP sterbe? Welchen Schaden kann man mit solch einer Aussage doch anrichten? Wie viele Menschen fielen schon in ein Loch der Enttäuschung, als die angekündigte Heilung ausblieb. Wie oft halten wir unsere Wünsche für Reden Gottes? Und welcher Schaden

kann dadurch entstehen. Hat nicht der ein oder andere seinen Glauben dadurch schon verloren?

Ich schaue mich in meinem Zimmer um. Überall habe ich Bilder meiner Kinder und meines Mannes aufgestellt. Dazwischen stehen Bibelverse, die mir liebe Menschen geschickt haben. Aus Jesaja 54,10: »*Meine Gnade soll nicht von dir weichen, spricht der Herr.*« Oder aus Psalm 27,14: »*Sei getrost und unverzagt und harre des Herrn*« (Luther 84). Und dann mein Lieblingsvers, den ich mir immer wieder durchlese. Auf einer Postkarte mit einem Leuchtturm steht: »*Gottes Wort ist wie ein Licht in der Nacht, das dir den Weg erhellt*«, aus Psalm 119,105. Jetzt verstehe ich auch, warum sie so sicher war, dass ich Christin bin. Oder doch nicht? Deshalb wusste sie, dass ich es verstehen würde. Immer wieder höre ich ihren Satz in mir: »Ich kann ihr die Operation nicht ersparen, aber sie wird gesund aufwachen.« Er ist wie eingebrannt und hallt in mir wider. Sicherheitshalber schreibe ich dieses Erlebnis gleich auf. Ich kann nichts anderes lesen, mich mit nichts anderem beschäftigen, so erfüllt bin ich. Es erscheint mir, als ob mich ein Engel besucht hätte.

Kurz vor 12 Uhr kommt unser Freund Nihal zu Besuch. Er hat sich auf sein Fahrrad geschwungen und ist die fünf Kilometer von seinem Zuhause bis in die Klinik gefahren. Seit seinem Herzinfarkt nimmt er den Rat der Ärzte, sich mehr zu bewegen, sehr ernst. Ich freue mich, ihn zu sehen. Er kommt gleich zum Grund seines Besuchs: »Heute Morgen habe ich in der Bibel gelesen und auch für dich gebetet. Auf einmal empfand ich, dass Gott zu mir spricht: ›*Fahre zu Ute und sage ihr:* »*Es verläuft alles nach meinem Plan.*«‹« »Hast du noch mehr erhalten?«, bohre ich nach. »Nein, das war es. Ich weiß nicht, ob es dir hilft oder du etwas damit anfangen kannst.«

Nun muss ich Nihal unbedingt die andere Botschaft von Gott erzählen, die noch keine vier Stunden alt ist. Wir staunen beide und ich bin wieder verwundert: »Es verläuft alles nach seinem Plan. Er kann mir die Operation nicht ersparen. Es wird alles gut ausgehen. Ich werde gesund aufwachen.« Nihal verabschiedet sich schon bald wieder, weil er noch zu seiner Tochter Anne möchte. Sie wurde vor Kurzem in die Kinderklinik eingeliefert, weil sie in einen komaähnlichen Schlaf fiel. Anne kämpft schon seit drei Jahren gegen einen bösartigen Gehirntumor.

Gleich danach kommt Professor Stoffel in mein Zimmer: »Frau Horn. Ich werde Sie schon morgen operieren.« »Warum denn?«, frage ich. »Darauf bin ich aber nicht vorbereitet.« »Aber ich habe Ihrem Mann doch gesagt, dass ich versuche, schon am Dienstag die Operation durchzuführen.«

Was hatte Nihal mir ausrichten lassen? Es verläuft alles nach Gottes Plan? Dann wird das wohl auch stimmen. Ich willige ein, dass die Operation vorgezogen wird, und denke: »Gott, es ist jetzt dein Problem, wie du der Reinemachefrau mitteilst, dass sie schon von heute auf morgen für mich beten soll.«

Und was wird mit Klaus, der doch schon für Mittwoch Urlaub nahm, und allen anderen Betern? Hoffentlich ist die Krankenhauskapelle auch am Dienstag frei. In meinem Kopf fahren die Gedanken Achterbahn.

Professor Stoffel reicht mir den Aufklärungsbogen für die Operation. Wir hatten ja vorher schon alles besprochen, deshalb kann er sich kurz fassen.

Die Krankenschwester schickt mich mit allen Unterlagen zum Narkosearzt. Von der Anästhesie aus sind bei der Operation keine großen Probleme zu erwarten. Sie wollen vorsichtshalber sechs Blutkonserven bereitstellen, falls ein Gefäß verletzt wird und ich somit eine größere Menge Blut verlieren sollte. Als ich wieder in meinem Zimmer bin, kommt die Ärztin, um mir Blut abzunehmen. Außerdem muss noch einmal ein spezielles MRT als Operationsvorbereitung gemacht werden.

Nun ist nicht mehr viel Zeit, wenn die drei jüngeren Kinder noch mit mir reden wollen. Ich bete dafür und gebe die Hoffnung nicht auf, dass sie den Mut haben werden zu kommen.

# 14.
# Die Delete-Taste

Es klopft und Marcel kommt herein. Wie schön, dass er da ist. Draußen ist es warm und so freut er sich über mein Angebot, eine kalte Cola zu trinken. Er hat gerade ein zweiwöchiges Schulpraktikum bei einem Schreiner angefangen. So frage ich ihn: »Wie läuft es beim Schreiner?« »Mama, ich hätte gar nicht gedacht, dass es so anstrengend ist. Wir haben letzte Woche den ganzen Tag Fenster in einem Haus eingesetzt. Die sind so schwer. Ich glaube nicht, dass das ein Beruf für mich sein wird.«

Marcel bereitet sich auf sein Sportabitur vor. Danach möchte er gerne Polizist werden. Aber wer weiß? Es bewerben sich circa 8 000 junge Menschen pro Jahr bei der Polizei und nur circa 1 200 werden genommen. Der doppelte Abiturjahrgang kommt noch erschwerend hinzu. Schon die Bewerbung für eine Aufnahmeprüfung gleicht einer halben Doktorarbeit. Dann folgen noch drei Prüfungstage, an denen Intelligenz, sportliche Fitness und soziale Kompetenz geprüft werden.

Ich bin froh darüber, wie gut er sich wieder gefangen hat. Seine Pubertät war nicht einfach. Doch jetzt ist er auf einem erfreulichen Weg. Er hat nur leider eine große Schwäche. Er kommt oft mit seinem Geld nicht aus, egal, wie viel oder wie wenig er hat. Immer wieder schließt er Verträge ab, die ihn dann über Jahre binden und ihm viel Geld aus der Tasche ziehen. So ist sein Schuldenberg bei uns auch schon wieder auf 738 Euro angewachsen.

Letzte Woche sprach ich darüber mit meinem Mann: »Thomas, ich kann es nicht ertragen, dass Marcel bei uns so viele Schulden hat, wenn ich sterben sollte. Darf ich ihm die Schulden erlassen?« »Aus pädagogischen Gründen halte ich das für falsch«, meinte er. »Aber wenn es dir sehr viel bedeutet, willige ich ein. Tu das, was du auf dem Herzen hast.« So befinde ich mich jetzt in einer gewissen Anspannung. Immer wieder habe ich mir überlegt, wie ich es sagen soll. Außerdem habe ich mich auch selbst noch mal gefragt, ob es ein Signal in die richtige Richtung ist: »Wird es an seinem Verhalten in puncto Finanzen irgendetwas ändern? Ist es vielleicht sogar falsch, ihm die Schulden zu erlassen?« Bis zuletzt ringe ich mit mir. Ich weiß nicht, was richtig ist. Mein Herz rät: »Tu es.«

Ich schaue ihn an und bewundere seine braune Haut, um die ihn so viele in seinem Leben schon beneidet haben. Bis zu seinem zehnten Lebensjahr sonnte er sich darin, etwas Besonderes zu sein. Alle seine Geschwister waren eher blass und er stach mit seiner dunklen Haut immer heraus. Doch auf einmal wendete sich das Blatt. Man bezeichnete ihn als Ausländer und fragte immer wieder: »Na, du bist aber kein Deutscher, oder?« Seine Klassenkameraden und Pfadfinderfreunde merkten schnell, dass die Hautfarbe seine Achillesferse war, und so neckten sie ihn mit dem Spitznamen: »Nutellabrötchen«. Manchmal ärgerten sie ihn auch: »Hast du früher zu viel Schokolade gegessen?« Er war dann leicht reizbar und gerne auch zu einem Boxkampf bereit. Mittlerweile hat er sich damit versöhnt und bekommt auch wieder viel Anerkennung.

»Marcel, kannst du mir mal wieder etwas auf dem Handy erklären?«, beginne ich mein Vorhaben. »Was möchtest du wissen, Mama?« »Ich weiß, dass es eine Taste geben muss, die alles Geschriebene auslöscht, auf einmal, nicht Buchstabe für Buchstabe. Weißt du, was ich meine?« »Das ist doch ganz einfach, Mama. Gib mir mal das Handy. Was soll ich schreiben und dann wieder löschen?« »Schreib mal 738.« »Schau, Mama, als Erstes musst du ein Wort markieren, indem du lange darauf drückst, dann erscheinen in der oberen Leiste mehrere Symbole. Auf dem linken Symbol steht ein T. Wenn du das anklickst, wird der ganze Text markiert, und wenn du jetzt auf die Delete-Taste[19] drückst, ist alles, was du geschrieben hast, gelöscht. Die Delete-Taste ist unten rechts die zweite von unten, mit dem x drauf. Eine zweite Möglichkeit wäre, wenn du einfach auf das Scherensymbol drückst. Dann ist es auch weg.« »Dann mach es mir einmal mit den drei Zahlen vor.« Mein Sohn schaut mich etwas fragend an, tut es dann aber doch.

»Marcel, weißt du, warum du das gerade getan hast? Erkennst du die Zahl?« »So viele Schulden habe ich bei euch, Mama.« »Genau, und du hast sie gerade gelöscht.« Große, weit aufgerissene, ungläubige Augen schauen mich an. »Was? Wie bitte?« »Ja, ich habe mit Papa geredet und ihn gebeten, dass ich dir die Schulden erlassen darf. Ich möchte nicht in die Operation gehen mit dem Wissen, dass ein Kind uns noch so viel schuldet.«

Marcel kann sein Glück immer noch nicht fassen, als er mich ganz fest umarmt. »Marcel, das, was wir beide gerade getan haben, soll dich daran erinnern, dass es auch bei Gott möglich ist, die Schuld loszuwerden, die wir im Laufe des Lebens angesammelt haben. Du kannst Gott immer um Vergebung bitten und er drückt dann einfach die Delete-Taste. Ich bitte dich noch um eins. Erledige jeden Tag drei Aufgaben. Du bist ein Meister im Verdrängen und Auf-die-lange-Bank-Schieben. Bitte nimm dir das zu Herzen.« »Ja, Mama, ich werde es versuchen.«

Nun macht er sich auf den Nachhauseweg. Ich lege mich zufrieden in mein Bett und denke weiter über ihn nach.

Kurze Zeit später schreibt mir Robert eine SMS mit der Frage, ob ich wüsste, welches Lied Marcel auf seine Facebook-Seite gepostet hätte, um seinen Freunden mitzuteilen, wie es ihm gin-

---

19 to delete, englisch für: »Löschen«.

ge. Da weder mein Mann noch ich bei Facebook angemeldet sind, verneine ich. »Dann schicke ich es dir«, schreibt Robert. Wenig später halte ich ein Lied in den Händen, das mir unendlich kostbar wird. Ich gebe das Lied hier mit eigenen Worten wieder.

**Mama**

Refrain:
Du bist mir wichtig und das ist richtig,
auch wenn ich's nicht zeige, wozu ich neige,
ist es doch wahr, na klar.

Du hast mich erzogen, das ist nicht gelogen,
unter Tränen und Schmerz, mit so viel Herz.
Es war nicht leicht, aber die Sorge weicht.

Du hast oft geweint, ich den Rat verneint,
hast an mich geglaubt, oft um Schlaf beraubt,
nun erntest du Früchte, das sind keine Gerüchte.

Du hast mich gelehrt, das ist so viel wert,
in der Welt zu besteh'n, stets vorwärtszugeh'n
meinen Weg zu suchen und nicht zu fluchen.

Du bist nun krank, auf einmal ich schwank,
hab Angst und Sorgen vor dem neuen Morgen.
Was wird aus mir ohne die Liebe von dir.

Refrain:
Du bist mir wichtig und das ist richtig,
auch wenn ich's nicht zeige, wozu ich neige,
ist es doch wahr, na klar,

Du darfst nicht sterben, ich will noch nicht erben.
Ich sag es ehrlich, du bist unentbehrlich.
Geh bitte nicht schon, ich bin doch dein Sohn.

Du darfst nicht fehlen, könnte ich doch nur wählen.
Ich wusste es nicht, bekomme eine neue Sicht,
wie unersetzbar du bist, was ist das für ein Mist.

Du schenkst mir Leben, hilfst mir zu vergeben,
machst mir Mut, wenn's sonst keiner tut.
Gibst mir Rückenwind durch deine Liebe zum Kind.

Du verstehst die Zeichen, wenn ich stell die Weichen,
dich nicht zu besuchen, trotz Kaffee und Kuchen.
Ich muss es meiden, dein Kranksein und Leiden.

Du wirst bestehen, gesund nach Hause gehen,
daran glaube ich fest, ich brauche das Nest,
Gott schenke dir Licht und mir Zuversicht.

Refrain:
Du bist mir wichtig und das ist richtig,
auch wenn ich's nicht zeige, wozu ich neige,
ist es doch wahr, na klar,

Immer wieder lese ich das Lied und Tränen laufen mir über meine Wangen. Es scheint ganz tiefe Saiten in mir zum Klingen zu bringen. Es ist Balsam für alle Anstrengung der Kindererziehung, für viele Verletzungen und für alle Enttäuschungen.

Wann fragt ein Kind mal: »Mama, wie geht es dir eigentlich?« Kreisen wir Mütter nicht meistens um unsere Kinder? Sie sind der Mittelpunkt, um den wir uns drehen. Wir verleugnen oft unsere Wünsche, wenn sie krank sind oder unsere Hilfe brauchen. Und hier lese ich von Dankbarkeit, Liebe und Sorge. Auf einmal wendet sich das Blatt. Ich, als Mutter, rücke in den Fokus des Kindes. Ich spüre, wie Marcels Liebe in mein Herz strömt und alles ausfüllt. Neulich sagte ein Mann zu mir: »Ich habe nicht gewusst, wie wenig von einer Frau übrig bleibt, wenn sie Mutter wird.« Das hat mich nachdenklich gemacht. Mutter zu werden, ist die größte Veränderung im Leben einer Frau.

Marcel war schon immer ein Kind, das sich schriftlich besser ausdrücken konnte als mündlich. Wir besitzen schon einige sehr bewegende Briefe von ihm. Ich bin sehr dankbar, dass wir uns in der Pubertät manchmal Briefe geschrieben haben, wenn jedes Wort sofort im Streit geendet hätte. Auch jetzt ist wieder so eine Situation, in der ihm vielleicht die Worte fehlen. Er möchte mitteilen, wie wichtig ich ihm bin, aber er kann es nicht. Wie gut, wenn man dann Sätze zu Papier bringen kann, die der andere immer wieder lesen kann. Manchmal kann man auch Worte verwenden, die andere vor mir schon gefunden haben, die in ähnlichen Situationen waren.

Tiefe Dankbarkeit durchflutet mein Herz.

# 15.
# Den Letzten beißen die Hunde

Auch Benjamin findet am Montagnachmittag noch den Weg ins Krankenhaus. Der Jüngste ist der Längste. Mit seinen 192 Zentimetern überragt er alle seine Geschwister. Wir Eltern können schon lange nicht mehr mithalten. Nur der älteste Bruder war über Jahre noch länger als er. Aber nun muss auch er sich geschlagen geben.

Benjamin sieht bedrückt aus. Aus seinen Rückzugsreaktionen kann man schließen, dass ihn meine Erkrankung am härtesten getroffen hat. Keiner kommt so richtig an ihn heran. Er bleibt oft in seinem Zimmer und reagiert sich mit Sport ab.

Ich vermeide die Frage, wie es ihm geht, frage ihn nach der Schule und was es Neues von seinem Handballverein gibt. Dann sprechen wir noch über die Pfadfinder. Seit seinem siebten Lebensjahr gehört er zum Stamm 90 der Royal Rangers, einer christlichen Pfadfindergruppe. Nun leite ich unsere Aussprache vorsichtig auf die morgige Operation und die Gespräche, die ich schon mit den größeren Kindern geführt habe. »Benjamin, ich kann mir gut vorstellen, wie du dich fühlst. Es ist nicht schön, ohne Mama zu Hause. Ihr müsst euch jetzt um alles alleine kümmern. Nicht, dass ich euch das nicht zutrauen würde, aber die Zeit geht euch fürs Lernen und für die Hobbys verloren. Kommt ihr denn zurecht?«

»Du weißt doch, wie das ist, wenn nur Männer zusammenleben. Ich bin der Einzige, der ab und zu mal kocht. Alle anderen haben dazu keine Lust und sie sind dann mit Pfannkuchen oder Fast Food zufrieden. Papa hat auch keine Kraft, abends das Essen zuzubereiten, abgesehen davon, dass er es nicht gerne macht. Und aufräumen möchte auch keiner. So steht oft das Geschirr herum und Wäsche machen wir erst, wenn keiner mehr etwas zum Anziehen hat. Ich bin so froh, wenn Uschi kommt. Papa hat mit ihr ausgemacht, dass sie heute am Spätnachmittag anreist. Sie wollte dann noch zu dir.«

»Benni, es tut mir leid, dass ich dich am Sonntag so erschreckt habe, als ich die Gehirnblutung bekam. Auch wenn ich nicht wirklich etwas dafür kann, fühle ich mich doch schuldig. Du hast mich mit so entsetzten Augen angeschaut, als ich den epileptischen Anfall hatte, und immer wieder gefragt: ›Mama, was geschieht mit dir?‹ Und ich konnte nichts sagen. Das war so schlimm für dich. Ich fand es auch nicht gut, dass Papa dich nicht mit ins Krankenhaus genommen hat. So warst du mit deinen Gefühlen und der Unsicherheit ganz alleine. Ich bin mir zwar auch nicht sicher, ob du gerne mitgefahren wärst. Darüber haben wir noch nicht gesprochen, aber ich könnte mir vorstellen, dass es für dich besser gewesen wäre. Dann hättest du gleich gehört, dass ich schon bald wieder sprechen konnte. So musstest du warten, bis Papa und Daniel mehrere Stunden später nach Hause fuhren. Bitte vergib uns, dass wir so wenig auf dich geachtet haben. Magst du dazu etwas sagen?«

»Ich weiß auch nicht, was besser gewesen wäre. Aber es war schon ein ganz schöner Schock. Es ist furchtbar, wenn man so hilflos ist. So habe ich mich auf mein Zimmer zurückgezogen und versucht, mich abzulenken.« »Benni, ich habe noch schöne Nachrichten für dich. Tine und Andi haben mir gesagt, dass sie finanziell dem Papa helfen würden, wenn ich sterben sollte und er es nicht schaffen würde, dein Studium zu finanzieren. Tine arbeitet ja schon und Andis Studium ist ja bald abgeschlossen und wenn sie beide verdienen, würden sie mit dafür sorgen, dass du auch unbesorgt studieren kannst. Sie hätten beide immer genug gehabt, um studieren zu können, ohne arbeiten gehen zu müssen, und du sollst das auch erleben dürfen.

Und Josua hat mir versprochen, dass er dir helfen wird, herauszufinden, was du studieren willst und wie der Weg dahin aussieht. Er sagte mir: ›Mama, du hast Stunden mit mir verbracht, viele Gespräche geführt, mich immer wieder ermutigt, nicht aufzugeben, bei allen Fehlschlägen, bei allen verpassten Gelegenheiten, und hast mir geholfen herauszufinden, dass ich Medizin studieren möchte. Als ich dann in Deutschland, wie erwartet, keinen Platz erhielt, hast du mich auf den Wegen begleitet, einen Studienplatz in Holland zu bekommen. Und ich werde Benni helfen. Ich weiß jetzt so viel und habe einige Erfahrung, sodass ich ihm gut helfen könnte.‹« »Mama, das war meine größte Sorge. Ich habe ja mitbekommen, wie schwer es für Josua war, und ich dachte immer: ›Wer hilft mir, meinen Weg zu finden, wenn Mama nicht mehr da ist oder nicht mehr reden kann?‹« »Das kann ich mir gut vorstellen, Benni.« »Mama, ich wünschte, der morgige Tag wäre schon vorbei und wir wüssten, dass alles gut gegangen ist.« »Ich komme morgen als Erste dran. Also, wenn du aus der Schule kommst, müsste die Operation zu Ende sein.

Papa wird allen Kindern sofort eine SMS schicken. Wir rechnen mit sechs bis sieben Stunden Operation. Gegen 14 Uhr dürfte ich im Aufwachraum sein. Hast du noch etwas auf dem Herzen, was wir besser heute besprechen sollten, Benni?« »Nein, ich glaube nicht, sonst ruf ich dich an. Ich muss jetzt nach Hause, muss noch meine Hausaufgaben machen.« »Wie schön, dass du noch gekommen bist. Damit hast du mir einen großen Wunsch erfüllt. Ich begleite dich noch nach unten und laufe die Stufen bis in den zehnten Stock dann zu Fuß. So kann ich noch frische Luft schnappen und etwas Sport treiben.«

# 16.
# Ein bunter Blumenstrauß

Wieder zurück in meinem Zimmer, schaue ich mir noch mal alle Fotos meiner Familie an, die ich überall aufgestellt habe. Jetzt fehlt nur noch einer, denke ich. Pascal arbeitet bis 17 Uhr in der Werkstatt. Er ist im dritten Ausbildungsjahr zum Kfz-Mechatroniker. Er ist der Spaßvogel in unserer Familie, stets zu Streichen aufgelegt, ein Kopf voller Ideen. Wir rechnen immer damit, dass er mal Erfinder wird. Gerne denke ich an die vielen Fahrten zurück, die wir zu zweit zu seinem Patenonkel nach Hamburg machten. Er sagte einmal zu mir: »Mama, mir ist nie langweilig. In meinem Kopf ist immer etwas los. Ich gehe oft in meinem Kopf spazieren. Da finde ich stets etwas Interessantes.«

Schon diese Formulierung bringt mich immer wieder zum Schmunzeln. Bei ihm habe ich verstanden, dass es die Gnade des »Nicht-alles-wissen-Müssens« gibt. Schon als Zweijähriger hatte er geniale Einfälle. Er öffnete eine Mehltüte und verteilte sie auf dem Boden und rief aus: »Es schneit, es schneit.« Als wir die Zwillinge erwarteten, fragte ich eine Frau, die schon welche hatte: »Sind Zwillinge die doppelte oder anderthalbfache Arbeit im Vergleich zu einem einzeln geborenen Kind?« Sie meinte: »Die dreifache Arbeit.«

Später habe ich es verstanden. Zu zweit haben Zwillinge viel mehr Ideen und auch den Mut, diese umzusetzen. Der eine stachelt den anderen an und bestärkt ihn darin, es doch zu wagen. Besonders beliebt ist auch der Satz: »Sag nur, du traust dich nicht.« Und schon hat man den anderen.

Das Abendessen kommt. »Was? Es ist schon so spät?«, erschrecke ich mich. »Die Operation nähert sich mit großen Schritten. Oder ist es eher umgekehrt? Ich nähere mich ihr. Eigentlich wollte ich doch vorher noch einen Mandeleisbecher essen. Aber bisher ist man auf meinen öfter geäußerten Wunsch noch nicht eingegangen. Ob ich Thomas noch mal anrufen soll? Er wollte nachher noch mit zwei meiner Freundinnen vorbeikommen.«

Auf einmal klopft es und Pascal und seine Freundin Michelle treten ein. Sie schenken mir einen wunderschönen Blumenstrauß und wir organisieren eine Vase. Beide sind müde von der Arbeit. Michelle macht eine Ausbildung zur zahnmedizinischen Fachangestellten im ersten Lehrjahr. Sie bringen frischen Wind und gute Laune mit. »Wie geht's auf der Arbeit, Pascal?« »Ganz gut, auch wenn ich gerne mal einen ganzen Motor auseinandernehmen würde. Es nervt, dass heute so viel an Autos elektronisch läuft. Der Computer nimmt die Arbeit des Fehlersuchens fast vollständig ab. Außerdem wird fast nichts mehr repariert. Alles wird nur noch ausgetauscht. Das ist billiger.« »Pascal, möchtest du mit mir noch etwas besprechen vor der Operation? Allein oder auch mit Michelle zusammen?« »Nein, Mama, ich will nicht daran denken, dass die Operation schiefgehen könnte. Ich beschäftige mich damit frühestens, wenn es so weit ist. Du kennst mich doch. Ich denke, dass du das gut übersteht. Ich will mir nicht vorher das Schlimmste ausmalen.«

»Dann möchte ich dir aber noch sagen, dass ich sehr gerne deine Mama bin. Auch wenn du mich oft an meine Grenzen und auch schon mal darüber hinaus gebracht hast, habe ich nie bereut, dich und Marcel aufgenommen zu haben. Ich werde den Tag nie vergessen, als ich euch zusammen mit deiner Patentante aus dem Krankenhaus geholt habe. Ich dachte zuerst: ›Wie halte ich die zwei nur auseinander?‹ Aber das war gar kein Problem. Ich habe euch nie verwechselt, ihr seid einfach zu verschieden.

Ich empfinde es als großes Geschenk, dass wir euch beide erziehen durften, und ich bin eurer leiblichen Mutter dafür immer dankbar, dass sie euch austrug und dass sie sich sogar darüber freute, dass ihr es bei uns so gut habt.«

»Mama, wir haben leider nicht so viel Zeit. Wir kommen dich nach der Operation wieder besuchen. Hab dich lieb. Bis bald.«

# 17.
# Der letzte Abend

Thomas klingelt an, um mitzuteilen, dass er in 20 Minuten zusammen mit Karin und Uschi da sein wird. Mittlerweile ist es 19 Uhr. Wie schön, dass die drei noch kommen. Die Krankenschwester tritt ein und fragt, ob ich eine Beruhigungstablette bräuchte. Ich verneine. »Melden Sie sich, wenn Sie nicht schlafen können. Die Nachtschwester kann Ihnen auch noch etwas geben«, ergänzt sie.

Schon steht mein Mann in der Tür und hat wirklich den Eisbecher in der Hand. Ich freue mich sehr darüber. »Stell dir vor. Als ich den Besitzer der Eisdiele fragte, ob ich deinen Lieblingseisbecher im Glas mitnehmen könnte, weil du morgen an einem Gefäßtumor im Gehirn operiert werden würdest, war er so betroffen, dass er mir den Becher mit besten Genesungswünschen für dich spendierte. Ich soll das Glas bei Gelegenheit zurückbringen.« »Habt ihr für euch nichts mitgebracht? Soll ich euch jetzt etwas voressen?«, frage ich. »Ja, wir wollten nicht. Wir haben gerade Abendbrot gehabt und sind satt.« Beim ersten Löffel merke ich, dass Thomas vergessen hat zu sagen, dass ich lieber Schokoladensoße statt Mandellikör über dem Eis esse. Ich verkneife mir die Kritik. Schade, aber der Mandelcup schmeckt auch so ausgezeichnet, besonders die kandierten Mandelsplitter. Er scheint extra viele darauf getan zu haben. Ich genieße jeden Löffel und lasse das Eis auf der Zunge zergehen.

Wir wollen noch zusammen Abendmahl feiern, beten und auf Gott hören. Thomas hat dafür Brot und Wein mitgebracht und liest die Einsetzungsworte aus der Bibel vor. Jeder hält noch mal inne. Fällt uns noch etwas ein, wofür wir um Vergebung bitten sollten?

Seitdem ich im Krankenhaus liege, frage ich mich ständig, ob ich mit meinen Bekannten, Freunden und Verwandten im Reinen bin. Wen wollte ich noch mal sehen? Wem wollte ich noch etwas sagen, wem noch etwas vergeben, wen um Vergebung bitten? Ich habe das Gefühl, mein ganzes Leben aufzuräumen.

Dann teilt Thomas Brot und Wein aus. »Jesu Leib, für dich gebrochen. Jesu Blut, für dich vergossen.« Sehr bewusst erleben wir dieses letzte Abendmahl vor dem Eingriff. Es tut so gut, Freunde um sich zu haben, die schwere Wege mitgehen. Dann beten wir noch für einen guten Ausgang der Operation, dass Professor Stoffel Weisheit bei der Schnittführung hat und dass er das Kavernom im Ganzen entfernen kann. In dem allen heißt es auch immer wieder: »Dein Wille geschehe, Vater im Himmel.«

Wir lesen schon mal die morgige Losung[20] für Dienstag, den 26. 6. 2012. Da steht in Jeremia 32,41: »*Es soll meine Freude sein, ihnen Gutes zu tun*« (Luther 84).

Was für eine Zusage! Darf ich das wörtlich nehmen, dass es Gott eine Freude sein wird, mir Gutes zu tun? Wird er die Operation gelingen lassen, so wie die Reinemachefrau gesagt hat?

Nun ist es schon 21 Uhr. Meine Besucher wollen nach Hause fahren. Wir drücken uns noch mal ganz fest. Beim Abschied drückt mir Thomas noch einen Brief in die Hand. »Lies ihn später«, sagt er liebevoll.

Manchmal frage ich mich, was schwerer ist: Betroffener oder Begleiter zu sein. Ist es für mich belastender, die Operation durchzustehen, oder für meinen Mann und die Kinder, mich

---

[20] Die Herrnhuter Losungen bestehen aus einer Sammlung von kurzen Bibeltexten des Alten und des Neuen Testamentes. Für jeden Tag des Jahres wird ein Bibelvers aus dem Alten Testament ausgelost, daher der Name. Der Bibelvers aus dem Neuen Testament wird passend dazu gesucht.

darin zu begleiten? Wie halten Verwandte und Freunde den Tag der Operation und Ungewissheit aus, während ich in Narkose schlafe und nichts mitbekomme?

Susi hat darauf eine klare, eindeutige und schnelle Antwort: »Für mich war es viel schwieriger. Ich bin rumgelaufen wie ein Kaninchen im Käfig. Es war kaum auszuhalten.«

Aber das ist auch nur die halbe Wahrheit. Auch für den Betroffenen ist es ein harter Weg der Fragen, Schmerzen und Untersuchungen.

Manch einer bemerkte auch bei seinem Besuch: »Du liegst ja wie im Hotel hier. Fühlst du dich nicht wie im Urlaub?« Daraufhin habe ich das ein oder andere Mal gesagt: »Wir können gerne tauschen. Du nimmst mir den Gefäßtumor im Gehirn ab und bekommst das ›Hotelzimmer‹ dazu.« Ich habe bis heute keinen gefunden, der auf den Tauschhandel eingegangen ist.

So zu antworten, habe ich durch eine wahre Begebenheit gelernt. Eine Freundin will nur eben zur Apotheke reinspringen. Leider findet sie keinen Parkplatz in der Nähe, nur einen Behindertenplatz. Sie beschließt, sich für die fünf Minuten da hinzustellen. Als sie wieder aus der Apotheke kommt, steht ein Auto quer vor ihrem, sodass sie nicht wegfahren kann. Dumm gelaufen. »So ein Mist«, schimpft sie. »Was soll ich denn jetzt machen?« Das andere Auto ist abgeschlossen und kein Fahrzeughalter in Sicht. Nach fünf Minuten nähert sich ein behinderter Mann dem Auto. Er sieht meine Freundin: »Stehen Sie auf meinem Parkplatz? Wenn Sie mir schon den Parkplatz wegnehmen, wäre es doch auch fair, wenn Sie meine Behinderung dazunehmen, oder?« Meine Freundin errötet und entschuldigt sich bei dem Mann. Sie hat sich nie mehr auf einen Behindertenparkplatz gestellt.

Wir handeln so oft, ohne nachzudenken und ohne uns in die Lage des anderen zu versetzen.

Jetzt habe ich noch zehn Stunden bis zur Operation.

Gedanken des Zweifels melden sich zu Wort: Glaube ich wirklich, dass Gott die Reinemachefrau schickte, um mir sagen zu lassen, dass ich gesund aufwachen werde? Warum sollte der allmächtige Gott mir die Operation nicht ersparen können? Ich denke, dass er allmächtig ist, also alles kann. Bin ich mir sicher, dass Gott auf Fürbitte antwortet? Was geschieht überhaupt, wenn ich bete? Auch die Gefühle melden sich: Selbstmitleid – Warum ich schon wieder? Ich war schon so oft krank. Oder Angst – Wie will ich halbseitengelähmt weiterleben? Was wird aus meiner Berufung, Seminare zu halten, zu referieren, wenn ich nicht mehr sprechen kann? Traurigkeit – Warum gibt es Krankheit in dieser Welt? Warum so viel Not? Was wird aus unserer Familie?

Und dann denke ich wieder an die Zusage Gottes, dass er in mir scheidet Seele und Geist. Die will ich mir nicht rauben lassen. Der Geist soll das letzte Wort haben, der mit Gott in Verbindung steht. Dann spreche ich mein trotziges Dennoch aus: Psalm 73,23: *»Dennoch bleibe ich stets an dir; denn du hältst mich bei meiner rechten Hand, du leitest mich nach deinem Rat und nimmst mich am Ende mit Ehren an«* (Luther 84).

Und ich erlebe tiefen Frieden. Mitten im freien Fall erlebe ich eine Hand, die mich hält und mich erleben lässt, was ich schon so oft in der Bibel gelesen habe und was in Kolosser 3,15 steht: *»Und der Friede Christi ... regiere in euren Herzen«* (Luther 84).

Auf übernatürliche Art und Weise bin ich geborgen.

Ich schaue mir noch mal alle Fotos von Thomas und den Kindern an und bete, dass auch sie diese tiefe Geborgenheit spüren dürfen. Gottes Hand liegt auf meiner Schulter und lässt mich wissen, dass er mit mir geht und einen Plan für mich hat.

Ich will ihm vertrauen auch in Wegen, die mir nicht gefallen.

Kurz vor dem Schlafen öffne ich Thomas' Brief. Wie einen Schatz halte ich ihn in meinen Händen. Was will er mir wohl noch sagen? Und dann lese ich:

Liebe Ute, mon cher filou,[21]

ich habe das Bedürfnis, dir einige Zeilen zu schreiben. Manchmal gibt es Momente, die wir uns nicht heraussuchen, aber die Gott zulässt, damit er sich verherrlichen kann. Ich denke an die 33 Jahre, die wir jetzt schon fast verheiratet sind, und an die Jahre davor.

So heftig, wie der Beginn unserer Beziehung war, so ging es eigentlich viele Jahre weiter. Im Studium haben wir kaum geschlafen, sondern viel geredet, ganze Nächte durch. Eigentlich haben wir uns da schon gegenseitig überfordert, in den Nächten, mit der großen Asienreise und mit so vielen Unternehmungen. Aber es war immer wieder eine gegenseitige Faszination, die wir füreinander hatten.

Dann der gemeinsame Start im Glauben am gleichen Tag, der gleiche Beruf und der gleiche Hunger, dass Gottes Reich kommt. Wir haben so viel in dieser Anfangsphase miteinander geteilt. Wir waren voller Pläne und Hingabe. Und wir hatten uns und das schien uns zu genügen, denn wir hatten eigentlich keine wirklichen gemeinsamen Freunde.

Dann haben wir miteinander gekämpft. Die Zeit mit deiner Herzmuskelentzündung war schwierig, dann die Zeit, als Nicole mit eineinhalb Jahren in Pflege zu uns kam und mit knapp vier wieder zu ihrem Vater zurückging, dann das erste Jahr mit den Zwillingen, die sieben Kinder und fünf Fehlgeburten.

Und dann wurde ich plötzlich krank, als unser Jüngster gerade geboren wurde. Gleichgewichtsausfall, Lungenent-

---

21 mon cher filou, französisch für: »mein lieber Schatz«, wörtlich: »mein lieber Spitzbube«.

zündung usw. Ich war plötzlich schwach, hilflos und zerbrach in den vielen Versuchen, meine Mitte zu finden.

Aber auch darin hat Gott gehandelt und du warst mir immer wieder eine, manchmal auch unbequeme, Freundin.

Dann kam dein Weg in die Öffentlichkeit: Vorträge, Bücher, Radiosendungen, Fernsehinterviews und ein Kurzporträt von dir im ZDF. Dieser Weg hat uns viel gekostet. Ich hatte Mühe, ihn anzunehmen, und habe doch immer wieder versucht, dir nicht im Wege zu stehen, auch wenn ich mich oft überfordert gefühlt habe.

In den letzten Jahren haben wir dann den Wiederbeginn des gemeinsamen Weges erlebt. Wir referierten gemeinsam Ehethemen. Ich habe es als schön erlebt, auch wenn es neben meinem Beruf auch sehr anstrengend war.

Besonders dankbar bin ich dir für den Neuanfang, wieder zusammen segeln zu gehen.

Jetzt stehen wir wieder vor einem neuen Wegabschnitt. Die Kinder werden nacheinander alle aus dem Haus gehen. Du wirst jetzt durch eine maximale Erfahrung von Lebensgrenzen von Gott geführt. Ich habe merkwürdigerweise Frieden in dem allen. Ich habe dich 15 Minuten nach deinem Krampfanfall an Gott zurückgegeben und ihm gesagt, dass du ihm gehörst.

Aber ich erwarte, dass Gott uns noch in einen gemeinsamen Dienst führt. Wer weiß, wie sich unser Leben nach deinen Erfahrungen verändern wird.

Ich wüsste nicht, wie ich ohne dich leben könnte. Ich habe so viel mit dir erlebt, was uns verbindet. Ich würde mittendrin durchbrechen. Aber Gott weiß das alles.

*Dein Thomas*

# 18.
# Die Kapelle

**26.** Juni 2012, der Geburtstag meines Schwiegervaters. Meine Nacht war gut – auch ohne Beruhigungstablette.
Heute Morgen gibt es kein Frühstück, dafür ein weißes Operationshemd und weiße Thrombosestrümpfe. Ich dusche und wasche auch meine Haare. Beim Föhnen frage ich mein Spiegelbild: »Wie wirst du wohl nach der Operation aussehen?« Auf einmal wird mir die Schwere des Eingriffes noch mal so richtig bewusst und ich flüstere: »Ich will nicht halbseitig Glatze tragen müssen.« Nun scheint mir mein Spiegelbild zu antworten: »Aber ehrlich gesagt ist das doch eher nebensächlich bei der Aussicht, dass du halbseitengelähmt aufwachst oder in Zukunft nicht mehr sprechen kannst. Der Tod erscheint mir noch die angenehmste Variante möglicher Nebenwirkungen.«

Diese Gedanken werden vom Verstand angenommen, aber nicht vom Herz. Mein Herz ist ganz Frau und möchte schön sein. »Werde ich eine Perücke tragen müssen? Will ich mich und meine Operationsnarbe lieber verstecken? Oder will ich provozieren und selbstbewusst zum Eingriff stehen?« Eine Antwort finde ich heute Morgen noch nicht. Schon alleine die Vorstellung eines zur Hälfte rasierten Kopfes tut mir weh. Auf einmal überfällt mich Selbstmitleid. Jetzt wird es gefährlich. Nicht noch vor der Operation heulen. Ich versuche meine Gedanken umzulenken.

»Ob die Raumpflegerin wirklich von gestern auf heute für mich gebetet hat?«, schießt es mir durch den Kopf. Es ist noch zu früh für ihre Arbeit in meinem Zimmer. Normalerweise kommt sie immer gegen 8.15 Uhr. Man konnte die Uhr danach stellen. Eigentlich schade, dass ich sie vor der Operation nicht noch mal sehen kann. Ich würde gerne in ihre zuversichtlichen Augen schauen, aus ihrem Mund hören, dass Gott einen guten Weg mit mir gehen wird und ich gesund aufwachen darf. Vielleicht hatte sie ja noch eine Botschaft für mich? Aber wie sehr ich es mir auch wünsche, sie erscheint nicht.

Es ist erst halb acht, als Thomas kommt. Er will mich unbedingt in den Operationssaal begleiten. Zunächst hilft er mir, die Strümpfe anzuziehen. Sie sind wirklich furchtbar eng. Wir beten zusammen und legen unser weiteres Leben in Gottes Hände.

Kurz danach klopft die Schwester, um mich abzuholen. Ich stehe als Erste auf dem neurochirurgischen Operationsplan für Professor Stoffel. Zusammen schieben mich die Schwester und Thomas zum Aufzug und dann Richtung Operationssäle. Alles ist noch ziemlich ruhig. Viele Betten sind mit Tüchern abgedeckt. Ich werde mit meinem Bett in den Vorraum des OPs gebracht. Als Nächstes müsste ein Pfleger von der Anästhesie die Verantwortung für mich übernehmen.

Wie gut, dass ich nicht alleine bin. Thomas setzt sich an den Rand meines Bettes. Wie oft schon hat er mich in den Operationssaal begleitet. Alte Erinnerungen tauchen auf: Kaiserschnitt, Totaloperation, Elektrokoagulation im rechten Herzen wegen Herzrhythmusstörungen. Unsere Ehe musste schon viele Krisen aufgrund von Krankheit ertragen.

Wir schauen uns an. Ich lese keine Angst in Thomas' Augen. Vielleicht hatte er auch nur keine Zeit, welche zu entwickeln. Nun kommt der Pfleger und nimmt mich mit. Ich muss Thomas' Hand loslassen. Es fällt mir schwer. Wie gerne hätte ich ihn an meiner Seite, bis ich einschlafe. Wir schauen uns noch mal tief in die Augen und halten beide daran fest, dass bisher alle Zusagen Gottes Gesundheit verheißen haben. Es gibt keine größere Geborgenheit, die trägt, wenn man so einen Weg vor sich hat.

Es tröstet mich, dass Thomas sich heute Urlaub genommen hat. Er wird gleich nach dem Frühstück in die Krankenhauskapelle gehen und mit den anderen zusammen für mich beten. Das beruhigt mich sehr.

»Haben Sie keine Angst?«, fragt der Pfleger und reißt mich aus meinen Tagträumen. »Nein«, erwidere ich. »Ich vertraue Ihnen allen.« Ein übernatürlicher Frieden durchströmt mich. »Das ist schön. Das können wir gut brauchen. Dann ist es viel einfacher für uns.«

Der Anästhesist erklärt mir, was jetzt passieren wird. Er legt verschiedene Zugänge zu den Gefäßen, einen Zugang am Unterarm, einen zentralen Zugang am Hals, aber davon bekomme ich schon nichts mehr mit, weil er in den Unterarm schon das Narkosemittel einspritzt.

Mittlerweile hat die katholische Krankenhausseelsorgerin die Krankenhauskapelle aufgeschlossen, sodass sich Freunde ab 8 Uhr zum Gebet vor Ort treffen können. Einigen war es ein Bedürfnis, so nah wie möglich am Geschehen zu beten, andere beten lieber zu Hause. Zwei Freunde organisierten, dass die Beter informiert wurden.

Später erzählt mir Thomas von dem Treffen. »Zuerst haben wir für Konzentrationsfähigkeit und Weisheit beim Operieren gebetet. Wir segneten Professor Stoffel, den Anästhesisten, alle Beteiligten und baten Gott um seine schützende Hand. Manche beteten stumm mit, andere laut. Immer wieder kamen noch andere hinzu, manche beteten eine Stunde mit, andere konnten sich den ganzen Vormittag freinehmen. Ab und zu stimmte jemand auch ein Loblied an, in das andere einstimmten. Manchmal sang auch einer alleine und die anderen hörten nur zu. Besonders beeindruckend war das Gebet einer jungen Mutter, bei der selbst während der Schwangerschaft mit ihrem ersten Kind ein Gehirntumor entdeckt worden war. Da der Tumor an einer schwer zu operierenden Stelle liegt, hat man diesen bis heute noch nicht entfernen können.«

Es berührt mein Herz von all den Menschen zu hören. Wie kostbar mögen Gott solche Gebete sein, wenn wir Fürbitte tun, für andere eintreten, selbstlos bitten, einem anderen Menschen auf diese Art und Weise Barmherzigkeit erweisen.

Thomas erzählt weiter: »Aus verschiedenen Gemeinden kamen an diesem Morgen Gläubige in die Krankenhauskapelle.«

»Wie gut, dass es mitten auf dem Krankenhausgelände so einen Ort gibt, an dem man Gott begegnen kann und an dem man im Leid gemeinsam Fürbitte tun kann. Hoffentlich können auch andere Patienten und ihre Angehörigen davon Gebrauch machen«, wende ich ein.

Thomas hat noch mehr zu berichten: »Stell dir vor: Auf einmal wandelte sich das Gebet und wir haben nicht nur für dich gebetet. Eine Frau berichtete, dass sie an diesem Morgen etwas von Gottes Herzen für die Not der Welt spüren konnte. Und so beschäftigte sie plötzlich die Frage, wie Gott sich bei all dem Elend auf unserer Welt fühlt? Sie fragte uns: ›Leidet Gott nicht mit, wenn wir uns streiten, uns bekriegen, wenn Kinder abgetrieben oder sexuell missbraucht werden?‹, und meinte dann: ›Wenn er Liebe ist, dann muss er unsägliche Schmerzen leiden bei dem, was wir aus seiner Schöpfung gemacht haben und noch machen. Und er leidet auch mit, wenn wir krank werden, Schmerzen leiden und operiert werden müssen.‹

Da war sie auf einmal wieder bei dir und deiner Operation. Es tat uns allen gut, was sie uns noch mal ins Gedächtnis rief. Der Gott der Bibel ist ein mitfühlender Gott, der sich uns in Jesus Christus auch mit vielen Gefühlen gezeigt hat. Jesus weinte über Jerusalem, ließ Johannes an seiner Schulter ruhen und bat Gott Vater, den Kelch des Leidens an ihm vorübergehen zu lassen.

Nachdem die Frau uns ihr Herz ausgeschüttet hatte, beteten einige an diesem Morgen auch für andere Menschen in Not und nicht nur für dich. Danach kam wieder eine Zeit des Lobpreises. Wir wollten Gott anbeten, ihn verherrlichen, ihm Loblieder singen. Mir lag auf einmal auf der Seele, noch für Israel zu beten. Das mag dir komisch vorkommen. Aber ich habe empfunden, dass es Gott ganz viel bedeutet, wenn wir immer wieder für Israel Fürbitte tun. Es ist doch sein Volk. So wie ich mit dir leide, leidet Gott mit ›seinem‹ Volk.«

Ich muss zugeben, dass ich schon erwartet hatte, dass sie die ganze Zeit für mich und die Operation beten würden. Aber bevor sich Enttäuschung breitmachen konnte, kam mir der Bibelvers aus Matthäus 6,33: »*Trachtet zuerst nach dem Reich Gottes ... so wird euch das alles zufallen*«, in den Sinn und ich musste an eine ähnliche Erfahrung denken: Sie liegt schon länger zurück. Thomas und ich wurden eingeladen, für ein Ehepaar mit großen Eheproblemen zusammen mit anderen zu beten. Ich war hochschwanger und die Geburt sollte am nächsten Morgen eingeleitet werden. So war ich etwas unwillig und mürrisch. »Wir sollten lieber eine Gebetsgemeinschaft für meine anstehende Geburt haben«, moserte ich. »Dieses Ehepaar hat doch schon lange eine Ehekrise. Die ganze Ehe ist ein Problem.« Thomas überredete mich, mitzukommen. So beteten wir zwei Stunden lang intensiv, dass die Ehepartner sich neu lieben lernen und ihren Streit beilegen können. Am Ende des Abends fragte der Gastgeber: »Hat noch jemand ein Anliegen, für das wir beten sollen?« »Ja, ich«, schoss es aus mir heraus. »Wenn nicht ein Wunder geschieht, komme ich morgen früh an den Tropf, damit das Kind geboren wird.« Mein Mann bot sich an, zu beten, und ich werde nie seine Worte vergessen: »Vater im Himmel, ich bitte dich, dass

Ute heute Nacht um 24 Uhr Wehen bekommt.« Ich war baff, dass er so konkret gebetet hatte. Wir fuhren nach Hause und lagen um 23 Uhr im Bett. Um Mitternacht wurde ich wach, weil Wehen anfingen. Gegen 3 Uhr fuhren wir ins Krankenhaus und um 7.15 Uhr wurde unser Sohn geboren. Es war meine einfachste Geburt.

Dank dieser Erfahrung konnte ich Thomas und den Verlauf der Gebetsgemeinschaft gut verstehen.

Aber es gab noch mehr zu berichten. Ich fand es richtig spannend, was Thomas alles zu erzählen hatte, und sagte: »Wenn du das so alles berichtest, wäre ich gerne bei euch gewesen.« Dann fuhr er fort: »Eine große Beruhigung für uns war, dass ein befreundeter Krankenpfleger bei der Operation ›zufällig‹ Dienst hatte und jede Stunde mal eine SMS in die Krankenhauskapelle auf mein Handy schicken konnte. So wussten wir immer, wie weit die Operation schon vorangeschritten war. Wir haben so einen unglaublich tiefen Frieden in der Kapelle gespürt und waren uns sicher, dass er sich bis zu euch in den Operationssaal ausgebreitet hat.« Später bestätigte der OP-Assistent das.

Gegen 14 Uhr ist das Angiom entfernt. Der runde Schädelteller wird wieder eingesetzt und ich werde langsam aus der Narkose aufgeweckt. Professor Stoffel bittet mich, meine Arme und Beine zu bewegen. Ich kann es und gehorche ihm, ohne mich später daran erinnern zu können. Dann bedanke ich mich bei meinem Operateur. Auch das geschieht ohne mein Bewusstsein. Alle atmen erleichtert auf. Thomas schreibt sofort die Sammel-SMS an alle Kinder, damit sie nicht länger Angst haben müssen.

Die Operation ist sehr gut verlaufen. Ich brauche keine Blutkonserve und man muss auch keine Dränage ins Operationsgebiet einlegen, damit Blut und Sekret aus der Wunde ablaufen können. Man legt mir einen großen Verband um den Kopf und bringt mich auf die Intensivstation. Erst mal weiterschlafen.

# 19.
# Augenzeugen

Meine Erinnerung setzt um 15.30 Uhr ein. Ich schaue auf die Uhr an der Wand und frage mich, wo ich bin. Neben mir sitzt meine Freundin Susi und hält meine Hand. Sie sagt sofort: »Es ist alles gut. Du hast alles überstanden.« Ich bewege meine Beine, meine Arme und sage: »Ich möchte mich beim Professor bedanken.« »Das hast du schon«, sagt sie ruhig. »Davon weiß ich aber nichts.« Dann bitte ich sie, mich mit meinem Handy zu fotografieren. Ich muss unbedingt wissen, wie ich aussehe.

Ich bin erstaunt. Mit dem weißen Turban um den Kopf ähnele ich einer Mumie oder dem Mann in dem Film »Der englische Patient«. »Kann ich mich meinen Kindern zumuten?«, frage ich. Ohne eine Antwort abzuwarten, entscheide ich: »Ja. Bitte, ruf Benjamin an und frage ihn, ob er sich mit eigenen Augen davon überzeugen möchte, dass ich reden und alles bewegen kann.«

Er weiß zwar schon durch die SMS, dass alles gut gelaufen ist, aber es ist etwas anderes, eine Nachricht zu lesen oder sie auch selbst erleben zu dürfen. Jetzt taucht Thomas auf. Er umarmt mich vorsichtig und strahlt übers ganze Gesicht. Seine Erleichterung sprüht aus allen Knopflöchern.

Thomas und Susi beratschlagen, wie sie abwechselnd bei mir wachen können. Ihr Gespräch stört mich und ich bitte sie, auf den Flur zu gehen. Sie schlucken und meinen: »Oh, sie kommandiert schon wieder. Es scheint ihr gut zu gehen.«

Uschi kommt zu mir ans Bett. Vor lauter Freude laufen ihr die Tränen über die Wangen. Wie viele schwierige Wege wir beide schon zusammen gegangen sind! Ihre Gebete umgeben mich wie eine feste Burg. Sie ist immer für mich da, wenn ich sie brauche, und hat einen Herzenszugang zu allen unseren Kindern. Wie oft habe ich ihr gesagt: »Es ist nicht wichtig, dass alles sauber ist, wenn ich auf Vortragsreise bin und du mit den Kindern alleine bist. Mir bedeutet es ganz viel, dass die Kinder jemanden haben, bei dem sie ihr Herz ausschütten können und der sie im Gebet trägt.« Uschi ist erschöpft und fährt nun erst mal mit Thomas nach Hause. Susi bleibt an meiner Seite. Sie hält meine Hand fest.

Wir kennen uns noch gar nicht so lange und doch kam sie jeden Tag treu ans Krankenbett. Viele Wünsche las sie mir von den Augen ab. Sie wusch meine Schlafanzüge, kaufte neue und übernahm Taxidienste, wenn mich jemand besuchen wollte, für den der Weg alleine zu mühsam war. Wenn noch Zeit blieb, spielte sie mit mir Topwords, das Daniel mir schon am ersten Tag auf die Intensivstation mitgebracht hatte. Ich hätte nicht gedacht, dass ich es so oft im Krankenhaus spielen würde.

Um 16 Uhr schaut Herr Professor Stoffel vorbei. Als ich mich bei ihm bedanke, meint er nur: »Das haben Sie doch schon getan.« »Davon weiß ich aber nichts mehr«, erwidere ich. »Ich bin mit der Operation sehr zufrieden«, fährt er fort, »und glaube, das ganze Angiom entfernt zu haben. Sie bleiben heute Nacht noch hier auf der Intensivstation und wenn alles so weitergeht, dürfen Sie morgen schon auf die Normalstation. Tut Ihnen etwas weh?« »Nein, ich habe keine Schmerzen.« »Bitte melden Sie sich, wenn Sie etwas brauchen. Ich komme dann morgen wieder vorbei.«

Vor der Tür wartet Benjamin. »Benni, ich habe dich rufen lassen, weil ich wollte, dass du mit eigenen Augen siehst, dass es mir gut geht. Schau: Ich kann alles bewegen. Ich kann reden und ich lebe. Du brauchst auf deine Mama nicht zu verzichten. Kannst du meinen Anblick ertragen? Ist es richtig, dass ich dich gerufen habe?«»Ja, Mama, danke.« Er setzt sich auf den Stuhl an meinem Bett. Es tut so gut, ihm in die Augen zu sehen. Er ist wortkarg. Wie geht er damit um, mich in diesem Zustand zu sehen? Überall bin ich angeschlossen. Alles wird überwacht: Herzschlag, Blutdruck, Atemfrequenz und Temperatur. Ich hoffe inständig, dass es keine Überforderung für ihn ist, und sage: »Das ist nicht so einfach, wenn man das erste Mal auf einer Intensivstation ist, nicht wahr?« Benjamin bleibt auch nicht so lange. »Benni, es wird alles wieder gut. Bald bin ich wieder zu Hause«, mit diesen Worten verabschieden wir uns voneinander.

Als er weg ist, bitte ich Susi, Marcel und Pascal zu fragen, ob sie auch kurz vorbeikommen wollen. Die übrigen Kinder wohnen in anderen Städten. Sie sollen selbst entscheiden, wann der richtige Zeitpunkt ist, mich zu besuchen. Sie müssen zwischen einer und vier Stunden Bahnfahrt auf sich nehmen.

Schon eine halbe Stunde später erscheinen die Zwillinge an meinem Krankenbett. Beide sind sehr erleichtert, mit mir reden zu können. »Danke, dass ihr gekommen seid. Ihr seid schon zwei mutige Jungs.«

Ich bin gleichzeitig aufgekratzt und müde. Immer wieder fallen mir meine Augen zu. Susis Handy vibriert. Sie schaut, wer es sein könnte, und gibt dann an mich weiter. Es ist Daniel aus Holland. »Mama, ich würde am liebsten sofort selbst nach dir sehen und mich davon überzeugen, dass es dir wirklich gut geht. Aber wenigstens mit dir reden musste ich. Wie schön, dass alles gut geklappt hat. Sobald ich kann, komme ich nach Krefeld. Hab dich lieb.« »Was für eine Angst müssen doch die Kinder ausgehalten haben«, geht es mir durch den Kopf. Immer wieder lege ich meine Hand in Susis Hand. Manchmal drücke ich sie. Dann weiß sie, dass ich etwas sagen will, und sie kommt näher an meinen Mund heran. Anscheinend mache ich es manchmal zu oft. Es nervt sie ein wenig, aber heute habe ich Narrenfreiheit. Sie ist so unendlich glücklich, dass dieser Albtraum vorbei ist, dass ich mir fast alles erlauben kann.

Ich darf jetzt schon etwas trinken. Zu unserer Überraschung sagt der Pfleger, dass er den großen turbanähnlichen Verband schon abnehmen möchte. Es würde reichen, wenn nur die Naht abgedeckt bliebe. Susi strahlt, als der Verband weg ist, und ich kann ihren Gesichtsausdruck noch nicht richtig deuten. Was sieht sie, was ich noch nicht sehe? Ich frage ungeduldig: »Was ist los?«

Sie holt ihr Handy aus der Tasche und macht ein Foto. »Schau mal her, sie haben dich nicht halbseitenrasiert. Sie haben nur einen schmalen Streifen Haare weggenommen. Ist das nicht wunderbar? Ich freue mich so für dich.«

»Zeig mal, ist das wirklich wahr?«, frage ich und sehe das Foto ungläubig an. Es stimmt, neben dem Pflaster sind noch alle Haare vorhanden. »Das ist wie das i-Tüpfelchen.« Ich kann mein Glück gar nicht fassen. Was für ein Tag!

Nun ist es 21.30 Uhr, circa sieben Stunden nach dem Ende der Operation.

# 20.
# Die Raumpflegerin

Die Nacht ist etwas unruhig, aber weniger durch mich als durch meinen Nachbarn, der immer wieder aufschreit und über furchtbare Schmerzen klagt. Seine Frau sitzt die ganze Zeit an seinem Bett.

Mittwoch, der 27. Juni 2012. Um 11 Uhr werde ich auf die Normalstation verlegt. Wie schön, wieder in meinem Zimmer zu sein. Ich lebe, ich kann sprechen und alles bewegen. Das Gefühl der Dankbarkeit überflutet mich immer wieder. Um 12 Uhr habe ich das Bedürfnis, auf den Flur zu gehen. Meinen Infusionsständer nehme ich mit.

Der Flur ist voller Ärzte, die auf Visite sind. Plötzlich bahnt sich eine Frau im blauen Kittel den Weg und rennt auf mich zu. Sie scheint sich nicht um die anderen zu kümmern, umarmt mich und ruft: »Siehst du, Gott hat Wort gehalten. Du lebst und bist gesund. Und jetzt sage ich dir noch etwas: Ich arbeite hier normalerweise gar nicht. Ich bin hier nur Aushilfe auf dieser Station für zwei Wochen.« »Genau für die Zeit, in der ich dort liege«, staune ich über Gottes Zeitplan. Wir umarmen uns noch mal und ernten staunende Blicke. Aber wer kennt schon unser Geheimnis, das Gott gestiftet hat? Bevor das Mittagessen kommt, gehe ich wieder auf mein Zimmer. Alle scheinen sich mit mir zu freuen, oder kommt mir das nur so vor?

Ich fühle mich wie nach meiner ersten Entbindung. Unsere Tochter wurde mitten in der Nacht geboren. Schon am nächsten Morgen um 8 Uhr lief ich ans Telefon im Eingangsbereich und wählte die Nummer meiner Freundin. Ich bettelte: »Elisabeth, kannst du bitte kommen? Ich platze vor Freude und möchte sie mit jemandem teilen.«»Wann ist denn das Baby geboren?«, wollte Elisabeth wissen.»Heute Nacht. Aber es geht mir gut. Ich brauche keine Schonung. Sie kam normal auf die Welt. Ich möchte dir Christine so gerne vorstellen.«»Na gut, dann komme ich nachher«, antwortete sie mir und warf ihre Pläne für diesen Morgen über den Haufen.

So geht es mir jetzt auch. Ich fühle mich fit, wie neugeboren, überglücklich und will die ganze Welt umarmen. Leider sieht das mein Mann nicht ganz so. Er bittet einige Freunde, mich noch nicht anzurufen und auch nicht zu besuchen.

Am zweiten Tag nach der Operation sitze ich mit einem Ehepaar zusammen, das spontan, ohne bei Thomas gefragt zu haben, vorbeikommt. Wir reden angeregt, als eine Krankenschwester mir einen Blumenstrauß mit den Worten überreicht:»Die Blumen sind an der Pforte für sie abgegeben worden.« Ich öffne den beigelegten Brief:

Liebe Ute,

da du leider noch keinen Besuch empfangen darfst, ich dir aber gerne etwas Gutes tun möchte, gebe ich diese Blumen für dich an der Pforte ab.

*Deine Regina*

Es verschlägt mir die Sprache, weil Regina eine Dreiviertel-Autostunde entfernt wohnt. Ich bitte um Verständnis, dass ich eben zur Pforte laufen möchte. Vielleicht erwische ich sie noch. Dort erfahre ich, dass Regina schon vor zwei Stunden hier war, die Mitarbeiter an der Pforte aber leider nicht früher Zeit gehabt hätten, um mir die Blumen aufs Zimmer zu bringen.

Unendlich traurig nehme ich den Fahrstuhl. Beim Laufen könnte ich zwar meinen Frust besser loswerden, aber das würde zu lange dauern, da mein Besuch ja oben sitzt.

Als mein Mann abends kommt, stelle ich ihn zur Rede: »Was soll das denn? Warum verbietest du, dass mich jemand besucht? Auch wenn du es gut meinst, will ich doch selbst entscheiden dürfen, wie viel Besuch genug ist. Ich fühle mich von dir wie ein kleines Kind behandelt. Mir geht es gut und ich brauche Menschen, um zu verarbeiten. Ich will keine Ruhe.« »Ich habe Angst, dass du dich überforderst und nicht genug für deine Genesung tust. Das war eine sehr große Operation und du musst dich schonen.«

»Das kann ich verstehen und ich freue mich über deine Fürsorge. Aber ich möchte selbst entscheiden. Kannst du dich noch daran erinnern, dass eine Freundin uns mal sagte: ›Wenn es mir zu viel wird, sage ich einfach: »Ich fühle mich jetzt genug besucht, könnt Ihr bitte gehen?«‹« Dieser Ausspruch wurde zu einem geflügelten Wort im Freundeskreis. So möchte ich es auch handhaben. »Bitte überfordere dich nicht, mir zuliebe«, beendet Thomas die Auseinandersetzung.

Ich freue mich über jeden Brief, jede SMS, jeden Anruf und jeden Besuch.

Besonders aufwühlend empfinde ich eine zweite SMS von Mary-Anne. Am Morgen der Operation habe sie um 11.32 Uhr Folgendes für mich aufgeschrieben:

*Siehe auf den Herrn, ich bin bei dir, ich halte dich. Du bist mein. Deine Zeit steht in meinen Händen. Ich bin der Herr über Leben und Tod. Nichts, was dich angriff, konnte unbesehen an mir vorbeigehen. Ich habe dem Feind geboten – so weit und nicht weiter. Er hat begehrt, dich zum Schweigen zu bringen und dich zu lähmen, aber ich bin es, der dich aufrichtet und zu Ehren bringt, denn du hältst meine Ehre hoch. Ich lege die Grenzen fest. In allem soll mein Name verherrlicht werden, denn mir gebührt die Ehre. Ich schuf die Hände des Chirurgen, ich führe sein Gehirn – ich habe ihm Gaben gegeben, auf natürliche Weise zu heilen, aufgrund von Naturgesetzen, die ich geschaffen und festgelegt habe. Aber ich alleine bin der Herr. Ich schenke Gelingen. Mir gebührt die Ehre. Ich heile ohne den Arzt, aber auch durch ihn. Er ist lediglich ein Instrument in meiner Hand. Ich bin der Heiler und Heiland und niemand sonst.*

Als ich es lese, kann ich glauben, dass Gott mir das sagen lassen will. Ich fühle mich wie Hiob, dieser Mann in der Bibel, dem alles genommen wurde bis auf sein Leben. Die Geschichte ließ mich immer wieder erschauern. Der Teufel bekommt von Gott die Erlaubnis, ihn und seinen Glauben zu prüfen. So wird ihm alles genommen, seine Kinder, sein Hab und Gut und schließlich auch seine Gesundheit. Aber Gott hatte dem Teufel auch eine Grenze gesetzt: »Das Leben darfst du ihm nicht nehmen.« Und was schreibt jetzt Mary-Anne? »Der Feind hat begehrt, dich zum Schweigen zu bringen, aber Gott hat gesagt: ›Bis hierher und nicht weiter.‹«

Gibt es solche Dialoge zwischen Gott und seinem Widersacher heute auch noch? Kämpfen sie um die Menschen? Hört sich das nicht wie Schachspielen an? Sind wir nur Figuren, die man hin- und hersetzen kann? Eine andere Frage geht mir durch den Kopf: Bin ich wirklich so wichtig, dass man mich zum Schweigen bringen möchte? Das hört sich nach Krimi, Science-Fiction und Geheimdienst an. Seit Jahren halte ich Seminare für Teenager und junge Erwachsene, um sie den biblischen Umgang mit ihrer Sexualität zu lehren. Das ist massiv gegen den Zeitgeist mit seiner Strömung, die Sexualität zu einem Grundbedürfnis wie Essen und Trinken zu erklären, das man möglichst früh schon erleben sollte.

Außerdem referiere ich alleine und mit meinem Mann zusammen über Ehe- und Kindererziehungsthemen, um Ehen und Familien zu stärken. Auch das dürfte dem Widersacher ein Dorn im Auge sein. Aber reicht das aus, um mich mundtot machen zu wollen? Gibt es diesen Bösen überhaupt oder gibt es nur das Böse? Einer der größten Schachzüge Satans ist doch, uns modernen Menschen weiszumachen, dass es ihn gar nicht gibt. Wie oft haben meine Kinder mir schon erzählt, dass der Religionslehrer gesagt habe: »Es gibt gar keinen Teufel. Den haben die Menschen sich nur ausgedacht.« Aber ist die Realität nicht eine andere?

Habe ich nicht mal im Zug einem Mann gegenübergesessen, der meine angebotenen Süßigkeiten mit den Worten abgelehnt hatte: »Nein danke, ich faste.« Auf meine Frage, zu welcher Glaubensgemeinschaft er denn gehören würde, sagte er, als wenn es das Natürlichste von der Welt wäre: »Ich bin Satanist und faste, damit christliche Ehen kaputtgehen. Wir Satanisten haben ganze Listen von christlichen Ehen, für die wir täglich zu Satan beten, damit sie scheitern.« Ist das nicht gruselig? Haben wir Christen auch Listen von christlichen Ehepaaren, für die wir Fürbitte tun?

Solche Erinnerungen kommen mir, als ich die SMS wieder und immer wieder lese. Aber auch eine tiefe Dankbarkeit erfüllt mich und ich kann beten: »Danke, Vater im Himmel, dass du mich bewahrt hast und dass du mich wieder vollständig herstellen wirst, sodass ich weiter in deinem Reich referieren werde und dass dadurch deine Ehre vermehrt wird.«

Es fällt mir auf, dass Mary-Anne Gebetseindrücke immer mit Datum und Uhrzeit aufschreibt. Das erinnert mich an etwas, was ich mit unserem damals 17-jährigen Sohn Andreas erlebt habe. Er verbrachte ein Austauschjahr in New Mexico. Eines Nachts wurde ich wach. Es war 3 Uhr und ich musste intensiv um Schutz für unseren Sohn beten. Ich empfand eine große Not. Einen Tag später habe ich erfahren, dass er genau zu dieser Zeit einen Autounfall hatte. Ein Reifen war bei 110 Kilometern pro Stunde auf der Autobahn geplatzt. Das Auto mit vier jungen Leuten kam nur wie durch ein Wunder auf dem Seitenstreifen zum Stehen. Andreas stieg mit schlotternden Beinen aus, kniete sich auf den Asphalt und dankte Gott für diese Bewahrung. Ihm war sofort klar, dass das auch die letzten Minuten seines noch so jungen Lebens hätten sein können. Mein Glaube an den Sinn der Fürbitte wurde durch dieses Ereignis sehr gestärkt.

Ein weiterer Brief sollte die Botschaft von Mary-Anne noch unterstreichen. Die Schrift ist schon etwas krakelig. Der Schreiber, Hermann Schneider, gesteht, dass er nicht mehr oft Briefe schreibt. Er ist schon über 80 Jahre alt. Wie kostbar sind seine Zeilen.

> Immer, wenn ich für dich bete, kommt mir ein Bibelvers in den Sinn. Er steht in Johannes 15,2: »*Er schneidet jede Rebe ab, die keine Frucht bringt, und beschneidet auch die Reben, die bereits Früchte tragen, damit sie noch mehr Frucht bringen.*«
> 
> Meine Erklärung lautet: 1. Du hast schon Frucht gebracht, 2. Du wirst jetzt beschnitten, 3. Das Ziel ist mehr Frucht zu bringen. 4. Und alles tut der Weingärtner, unser Vater im Himmel.

Das ist typisch für diesen großen Mann Gottes. Kurz, knapp, präzise und alles ist gesagt. Es freut mich, dass ich mehr Frucht bringen werde. Aber was bedeutet: »Du wirst beschnitten«? Gut, rein körperlich wurde ich beschnitten, die Geschwulst wurde herausgeschnitten. Aber Gott meint bestimmt noch etwas anderes. Was will er reinigen? Könnte auch damit gemeint sein, dass ich mein Leben vor der OP aufgeräumt habe, indem ich Schuld bekannt und Vergebung zugesprochen habe? Ich will dem noch mehr nachgehen und Gott konkret fragen.»Vater im Himmel, bitte erkläre es mir.« Vielleicht soll ich auch mein Leben ändern, Gewohnheiten aufgeben, Tätigkeiten in jüngere Hände legen?

Immer wieder liegen den Briefen Sprüche bei. Man kann so viele gute Anregungen zum Nachdenken durch Weisheiten anderer bekommen. Menschen, die mich kennenlernen, merken sehr schnell, dass ich Sprüche liebe und sie oft in mir Wurzeln schlagen. Heute lese ich, dass Jakob Abrell gesagt hat:»Das Gebet ist die geheimnisvolle Verbindung zwischen der Ohnmacht des Menschen und der Allmacht Gottes.«

Immer wieder schaue ich auf diesen Satz, bis er sich in mein Gedächtnis eingräbt. Wie oft bete ich, wenn ich nicht mehr weiterweiß, und bin mir sicher, dass sich Gott darüber freut, wenn ich eine Kapitulationserklärung unterschreibe und mich ganz in seine Hände fallen lasse.

Ein zweiter Gedanke rüttelt mich wach und fordert mich auf, mehr zu beten:»Gebetslosigkeit ist die höchste Form des Stolzes.« Wie viel bete ich? Wofür bete ich? Dieser Satz spricht von meiner Unabhängigkeit. Ich, als Mensch des 21. Jahrhunderts, möchte mich keinem Gott beugen. Ich will selbst»Gott« sein, selbstherrlich alles bestimmen. Es ist ja wahr. Der Mensch kann viel. Ich kann viel. Wer kapituliert schon gerne vor einem Mächtigeren? Genau das tun wir im Gebet. Wo hindert mich mein Stolz, zu beten, zu bitten, Fürbitte zu tun, anzubeten? Wann sage ich, dass ich es alleine schaffe, dass ich keinen Gott brauche, dass es mir egal ist, was Gott in der Bibel schreibt und was er mir sagen möchte? Höre ich auf ihn, wenn es mir gut geht? Oder nur, wenn es mir schlecht geht? Brauchen die Menschen Leid, um nach Gott zu fragen? Wäre ich heute so tief in Gott verwurzelt, wenn es mir immer gut gegangen wäre?

Oft habe ich gesagt: »Die tiefsten Gotteserfahrungen habe ich, wenn ich krank und hilflos bin. Wer weiß, wie flach meine Glaubenswurzeln wären, wenn ich nicht schon so viele Krisen durchlebt hätte.« Ich kann mich noch erinnern, dass ich einmal zu meinem Mann während der langen Phase der Herzerkrankung sagte: »Manchmal habe ich Angst, gesund zu werden. Ich erlebe Gottes Gegenwart so intensiv in den Zeiten der Not. Werde ich diese Nähe wieder verlieren, wenn ich gesund bin?«

Für heute Nachmittag hat sich noch mein Sohn Daniel aus Holland angemeldet. Ich freue mich sehr, dass er kommt. Als ich ihm gegenübersitze, meint er: »Mama, ich muss mich einfach selbst überzeugen, dass es dir wirklich so gut geht, wie ihr am Telefon immer sagt. Hast du Lust, mit mir ein Topwords zu spielen?« Wir bereiten alles vor. Wie selbstverständlich nehme ich den Stift und den Block, um die erzielten Punkte aufzuschreiben. Als am Ende feststeht, dass ich gewonnen habe, ruft er aus: »Das ist ja unglaublich. Du bist ja noch besser geworden und kannst noch immer gleichzeitig rechnen und Worte finden.«

Jetzt erst wird mir bewusst, dass es für ihn ein Testspiel war. Er wollte herausfinden, ob meine Gehirnleistung noch funktioniert. Auch ich frage mich natürlich immer wieder, ob irgendwelche Geschichten in meinem Kopf verloren gegangen sind. Vielleicht hat der Professor ja doch etwas vom Gehirn wegschneiden müssen?

Wenn ich meinen Mann frage, ob ich verändert sei, schüttelt er den Kopf. Nein, ihm sei nichts aufgefallen und auch anderen Besuchern nicht.

Der Sozialarbeiter kommt, um mit mir über die Anschlussheilbehandlung zu sprechen. »Ich will ans Meer, weit weg, in der Sonne am Strand spazieren gehen, keinen Besuch bekommen und viel Zeit mit Gott verbringen und alles verarbeiten, was in den letzten Wochen passiert ist«, so meine Bitte. Meinen Wunsch kann ich aber leider nicht umsetzen. Die Krankenkasse erlaubt nur ein Haus in einem Radius von circa 200 Kilometern. Ich biete eine private Zuzahlung an, aber auch die wird abgelehnt. So wird mir ein Neurologisches Rehabilitationszentrum in der näheren Umgebung angeboten, eine Klinik, die sich auf neurologische Fälle spezialisiert hat. Leider gibt es zurzeit kein freies Zimmer, erst in vier Wochen.

So rufe ich ein befreundetes Ehepaar an, die in Siegen ein Haus mit Gästezimmer haben. Ob sie mich wohl in den vier Wochen »zwischenparken« können? Ich kenne mich. Wenn ich wieder zu Hause bin, werde ich arbeiten, putzen, aufräumen, waschen und kochen, planen und schreiben. Es würde mir nicht gelingen, auf der Couch zu liegen und zu lesen oder spazieren zu gehen. Nach kurzer Überlegungszeit willigen sie ein. Immer wieder bete ich und sage Gott, dass ich ihm vertraue und er schon den richtigen Zeitpunkt und das richtige Haus für mich hat. Ich bitte ihn, dass es doch noch möglich wird, direkt im Anschluss an den Klinikaufenthalt die Reha anzutreten.

# 21.
# Getackert

Montag, 2. Juli 2012, der sechste postoperative Tag. Christine ist zu Besuch. Ich trage noch das Pflaster über der Operationswunde und weiß noch nicht, wie die Naht aussieht. Ich bitte meine Tochter, dabei zu sein, wenn das Pflaster das erste Mal abgenommen wird. Sie ist sich noch nicht sicher.

Schon klopft es an der Tür und der Verbandswagen wird ins Zimmer geschoben. »Ist es Ihnen recht, wenn ich heute jede zweite Tackerklammer entferne?«, fragt die Krankenschwester. »Der Arzt wird heute keine Zeit mehr haben. Sonst geht es erst wieder morgen. Zu Ihrer Beruhigung: Ich habe es schon sehr oft gemacht.« Ich habe nichts dagegen und lege mich auf die linke Seite ins Bett. Dann entfernt sie vorsichtig das Pflaster. »Das sieht gut aus, ganz reizlos«, meint sie erfreut. Christine steht am Fenster und schaut ins Grüne, als ich sie noch mal frage. »Magst du gucken und ein Foto mit meinem Handy machen? Ich würde es mir auch gerne mal ansehen. Es ist für mich in Ordnung, wenn du die Naht nicht sehen willst, dann bitte ich die Schwester, ein Foto zu schießen.«

Christine kommt auf mich zu, nimmt mein Handy aus der Schublade und fotografiert. »Sieht gar nicht so schlimm aus, Mama. Ich zeige dir das Foto später«, meint meine Tochter. Dann nimmt die Schwester eine Art Zange und entfernt jede zweite Tackernadel. Es zieht nur ein wenig. Die Wunde wird wieder abgedeckt. Als die Schwester das Zimmer wieder verlassen hat, zeigt mir meine Tochter das Foto von der Seitenansicht meines Kopfes. Es ist doch ein sehr langer Schnitt, vom Scheitel bis zur Mitte des

Ohres, circa 15 Zentimeter lang, und 25 Tackerklammern hielten die Haut zusammen, jetzt nur noch 13. Die Haare mussten nur in einem Streifen von zwei Zentimeter Breite rasiert werden. Ich bin froh, dass ich jetzt dieses Foto habe, und werde es mir noch oft anschauen.

So begreife ich immer mehr, was eigentlich geschehen ist. Alles scheint so unwirklich. Wie werde ich wohl aussehen, wenn ich die Haare gewaschen habe? Werden mich viele Menschen auf die Naht ansprechen? Wie oft werde ich meine Geschichte erzählen müssen? »Mama, wie gut, dass du noch so viele Haare behalten durftest. Ich hatte Angst, dass sie dir halbseitig alle abrasieren würden. Vielleicht fallen die Haare so gut, dass man nur wenig sieht. Du siehst fast wie immer aus.« Wir freuen uns beide über das Ergebnis. Übermorgen werden dann die anderen Tackerklammern entfernt. Nun dauert es nicht mehr lange, bis ich weiß, wie ich in den nächsten Wochen aussehen werde.

Noch dreimal schlafen und ich werde wieder meine Haare waschen dürfen.

Heute Morgen kommt der Sozialarbeiter mit der Überraschungsnachricht, dass ein Doppelzimmer in der Reha frei wurde. Ich willige fröhlich ein.

Meine letzte Nacht im Krankenhaus bricht an. Morgen will mich Susi abholen. Wir werden den Klinikkoffer leeren und einen neuen für die vierwöchige Zeit in der Reha-Klinik packen. Ob ich mich gut konzentrieren kann, um nichts zu vergessen? Ich möchte noch mit Uschi und den Kindern frühstücken und mich dann auf den Weg Richtung Süden machen.

# 22.
# Der postoperative Blues

Donnerstag, 5. Juli 2012. Ich werde von der Krankenschwester geweckt. Ich darf duschen und meine Haare waschen. Nach über einer Woche ist es ein großartiges Gefühl. Ich lasse das warme Wasser über meinen Kopf laufen, bin noch unsicher, was das Shampoo an der Naht macht und wie sehr ich meine Kopfhaut massieren kann. Es tut mir unfassbar gut. Am liebsten würde ich das Gefühl festhalten, so kostbar ist es. Dann steige ich aus der Dusche, rubbele die Haare trocken und föhne ganz vorsichtig.

Ich begegne meinem Spiegelbild und bürste mein Haar. Als ich fertig bin, staune ich. Ich sehe aus wie immer. Die Haare fallen über die Naht. Ich ziehe mich an und setze mich aufs Bett. Es ist halb acht. Susi kommt schon, da wir spätestens um 12 Uhr in der Reha sein sollen. Ich bin noch gar nicht mit Packen fertig, sehr untypisch für mich. Als sie mich sieht, strahlt sie übers ganze Gesicht. »Zeig mal. Dreh dich mal. Das ist ja unglaublich. Deine Haare fallen so schön, dass man nichts von der Narbe sieht. Schüttele mal deine Haare. Wirklich, auch dann sieht man keine Narbe.«

Ich bitte sie, ein Foto von der Seite zu machen, um mich selbst überzeugen zu können. Dann halte ich den Beweis in meinen Händen.

Auf einmal laufen mir Tränen über mein Gesicht. »Was ist denn los?«, fragt meine Freundin. So ganz genau weiß ich es nicht. Vielleicht fällt jetzt alle Anspannung von mir ab. Oder es ist einfach die Veränderung, die mir schwerfällt. Ich bin eher eine Frau der Routine. Jede Veränderung macht mir Mühe. Bei allem Schweren der letzten Wochen habe ich doch auch sehr viel Schönes erlebt. Ich habe so viel Liebe erfahren und gespürt, wie vielen Menschen ich wichtig bin.

In der Not wird uns bewusst, wie wichtig uns bestimmte Personen sind. Eine Freundin, die selbst keine Geschwister hat und die ich seit dem ersten Schultag kenne, kam mehrmals und sagte: »Bei dem Gedanken, dich jetzt schon zu verlieren, wurde mir bewusst, dass du wie eine Schwester für mich bist. Wir kennen uns schon 52 Jahre, sind viele Wege der Freude wie bestandene Examen, Hochzeiten und Geburten der Kinder gemeinsam gegangen, und auch schwere Wege, wie die Beerdigungen deiner Eltern und meines Vaters, Zeiten der Krankheiten und Fehlgeburten. Du hast mich zur Trauzeugin gemacht, ich dich zur Patentante. Wie viel Vertrautheit ist doch zwischen uns gewachsen. Sollte das jetzt durch diese Gehirnoperation zu Ende sein? Das konnte ich mir nicht vorstellen. Deshalb bin ich so oft gekommen. Ich wollte die Zeit auskaufen, denn als Ärztin wusste ich um die Gefährlichkeit der OP.«

Alle Erfahrungen, die ich in diesem Krankenhaus gemacht habe, sind auf einmal so präsent. Ich muss auch weinen, dass so viele Menschen gekommen sind, um mich zu besuchen: Freunde aus Zwingenberg am Rande des Odenwaldes, aus Siegen und aus Geldern, meine Schwester mit ihrem Mann, Freunde aus Jülich und Mönchengladbach. Selbst Freunde meiner Kinder kamen mich besuchen. Es war einfach überwältigend. Nicht zu vergessen die vielen Telefonate, selbst aus Spanien, Brasilien und China, und die viele Post.

Im Moment fühle ich mich, als wenn man mir den Schutzmantel abgenommen hat. Bisher war ich wie in Watte gepackt. Jetzt bin ich auf einmal so verletzlich, wie eine Wunde, die man berührt oder bei der man etwas fester zupackt.

Ist das nicht seltsam, dass ich aus der Zeit bisher eher das Positive in Erinnerung habe? Auf einmal überrollen mich Gefühlswellen. Obwohl es eigentlich Liebe ist, die mich durchflutet, muss ich weinen. Irgendetwas sagt mir: »Ich will hier gar nicht weg. Hier kenn ich mich aus. Aber was nun vor mir liegt, weiß ich nicht.« Ich stelle mir Tausend Fragen: »Werde ich in der Rehabilitation zurechtkommen? Mit welchen Frauen werde ich das Zimmer teilen? Wie wird es zu Hause weitergehen, wenn ich noch mal vier Wochen nicht da bin?«

Ich weine und weine und weine. Die Zeit vergeht, aber ich kann nicht packen. Ich bin wie gelähmt. Ich muss erst mal reden, mich wieder fangen. »War es richtig, die Rehabilitation zu beantragen? Ich bin doch viel lieber zu Hause. Außerdem finde ich mich nicht gerne in einer neuen Umgebung zurecht.«

Susi drängt doch jetzt langsam nach Hause und versucht mich damit zu ködern, dass die Kinder und Uschi auf mich mit dem Frühstück warten. »Ute, wir wollten schon vor über einer Stunde daheim sein. Die machen sich bestimmt schon Sorgen. Sie können auch nicht ohne uns anfangen, da ich versprochen habe, die Brötchen mitzubringen, und die sind bei mir im Auto. Willst du kurz zu Hause anrufen?« »Nein, mach du das.« Nach dem Telefonat hilft sie mir beim Packen. Ich sitze wie ein Häufchen Elend auf dem Bett, unfähig, auch nur einen Handgriff zu tun.

So hatte sich Susi meine ersten Schritte zurück in die »Freiheit« nicht vorgestellt. Sie nimmt den Koffer und fragt mich, ob ich auch etwas Leichtes wie ein Spiel und ein Paar Schuhe tragen könnte, sonst müssten wir zweimal gehen. Ich nicke und bin in Gedanken aber ganz weit weg. »Nun fall nicht noch«, ermahnt mich Susi.

Die vergangenen Wochen kommen mir wie ein halbes Jahr vor. Wir fahren mit dem Aufzug aus dem zehnten Stock ins Erdgeschoss. Dort müssen wir noch die Kosten des Telefons abrechnen. Dann gehen wir zum Parkhaus. Alles erscheint mir so unwirklich und ich muss schon wieder weinen.

In zehn Minuten sind wir zu Hause. »Herzlich willkommen«, steht an der Tür. Der Frühstückstisch ist festlich gedeckt. Uschi, Josua, Benjamin und Pascal sind da. Der Kaffee duftet und die Brötchen werden noch schnell auf den Teller gelegt.

Uschi schaut in mein verheultes Gesicht und streicht mir über die Wange. Wir verstehen uns ohne Worte. Hoffentlich merken die Kinder nichts.

Es tut mir leid, dass ich gar keinen Hunger habe, noch nicht mal Appetit. Pascal fragt: »Warum kommt ihr denn jetzt erst? Wir haben euch schon eine Stunde früher erwartet und sind schon halb verhungert.« »Wir haben es nicht eher geschafft«, antworte ich und hoffe inständig, dass er nicht weiter nachbohrt. Aber der Hunger scheint zu groß zu sein. So beten wir und beginnen mit dem Essen.

Mit Müh und Not vertilge ich ein halbes Brötchen und trinke eine Tasse Kaffee. Nach einer Stunde gehe ich ins Schlafzimmer und fange an zu packen. Ich bin müde und würde mich am liebsten ins Bett legen. Ich hätte nicht gedacht, dass ich so schwach auf den Beinen bin. Im Krankenhaus habe ich mich so stark und fit gefühlt.

Aber die Zeit drängt. Susi geht mir zur Hand. Zwei Trainingsanzüge, mehrere T-Shirts und Schlafanzüge werden herausgelegt. Immer wieder diese quälenden Fragen der Entscheidung: »Was willst du mitnehmen?« Bald ist der Koffer voll.

Auf jeden Fall möchte ich noch einige Bücher einpacken. Ich rechne mit weiterer Zeit zum Lesen, meiner Lieblingsbeschäftigung. Es ist warm, ich schwitze, was ich sonst nur beim Sport kenne. Die Welt scheint sich zu drehen. Ich gehe die Stufen von unserem Haus zum Parkplatz hinunter und begegne einem Nachbarn. »Na, wieder zu Hause? Du hast uns ja einen Schrecken eingejagt. Was ist nur los in unserer Straße? Du bist schon die Zweite mit einem Gehirntumor.«»Ein richtiger Gehirntumor war es nicht, sondern eine Gefäßanomalie im Gehirn«, verbessere ich und denke gleichzeitig: »Ist es nicht für ihn egal? Musste ich ihn korrigieren?« Ich erzähle ihm noch von der Anschlussheilbehandlung, wohin ich jetzt schon wieder fahre, und bestelle schöne Grüße an seine kranke Frau.

Das war grenzwertig, so lange zu stehen. Etwas torkelnd bewege ich mich zum Auto und setze mich auf den Beifahrersitz. Das Navigationssystem wird mit Daten gefüttert und los geht's. Leider berechnet es als Ankunftszeit 12.25 Uhr. Wir werden zu spät kommen, auch sonst nicht meine Art. Heute scheint alles anders zu laufen. Es ist viel los auf der Straße. Wir geraten noch in einige Verkehrsstaus und fahren um 12.40 Uhr auf den Parkplatz vor der Klinik. Susi geht alleine vor und fragt, was wir jetzt machen sollen. Das Sekretariat ist nicht mehr besetzt. Aber ab 13.30 Uhr könnte man sich noch anmelden. Vorher gäbe es die Möglichkeit, im Speisesaal Mittag zu essen. Das Auto könnte so lange vor der Tür parken. So nehmen wir uns ein Tablett mit Essen. Der Speisesaal macht einen freundlichen, hellen Eindruck. Die Sonne scheint und man kann auch auf der Terrasse sitzen. Ich beobachte die Menschen. Einige fahren im Rollstuhl, andere gehen mithilfe des Rollators. Eine Frau zieht ein Bein nach, ein Mann macht kleine Schritte wie bei Morbus Parkinson. Es bilden sich Grüppchen, aber einige sitzen auch ganz alleine. Von Jung bis Alt ist alles vertreten. Therapeuten und Ärzte in ihren blauen und weißen Kitteln speisen hier genauso selbstverständlich wie die Patienten.

Nachher werde ich alleine sein, ein Gefühl, das ich selten kenne. Meistens bin ich mit meinem Mann unterwegs oder wenigstens mit einem der Kinder. Ehrlich gesagt mag ich es auch nicht, alleine zu sein. Schon als Kind habe ich mir immer eine Freundin eingeladen, wenn meine Eltern und meine Schwester nicht zu Hause waren.

So beschleicht mich ein mulmiges Gefühl.

# 23.
# Verwirrt

Der Mann von der Rezeption schaut in den Saal, entdeckt uns und winkt uns zu sich. »Sie können sich jetzt anmelden. Die Mittagspause ist beendet«, sagt er. Wir begeben uns in das Zimmer, werden freundlich begrüßt und entschuldigen uns erst mal fürs Zuspätkommen. Alle Papiere werden entgegengenommen und ich bekomme meine Zimmernummer. Zusätzlich erhalte ich eine kleine Tasche zum Umhängen, in die man Arzttermine, Untersuchungen und Anwendungen wie Krankengymnastik, Fahrradergometer, Wassergymnastik etc. sammelt. Außerdem kann man sich mit einer Bescheinigung ausweisen, dass man zum Haus gehört und berechtigt ist, kostenlos an den Mahlzeiten teilzunehmen. Am Nachmittag kann man sich zusätzlich eine Tasse Kaffee und ein Stück Kuchen holen, was auf einer Karte abgestempelt wird.

Ich bin etwas schweißig. Es ist doch etwas anderes, ob man den ganzen Tag in seinem Krankenzimmer verbringt oder ganz viele neue Eindrücke verarbeiten muss. Mir wird auf einmal bewusst, dass ich doch eine sehr große Operation überstanden habe. Wir holen meinen Koffer und gehen einen Flur entlang. Dann kommen ein Aufzug und wieder ein langer Flur. Am Ende wartet noch ein Aufzug. Nun geht es in den dritten Stock und einen letzten Flur entlang bis zu meinem Zimmer. Es ist recht groß mit Balkon und Nasszelle. Zwei Betten stehen darin. Das am Fenster ist belegt. Eine alte Dame schaut mich einladend an und zeigt mir mein Bett und den dazugehörenden Schrank. Ich gehe auf den Balkon und schaue auf ein Bettenhaus. Dort sind die schwereren

Fälle untergebracht, Menschen, die im Bett liegen und beatmet werden. Es laufen viele Frauen mit Kopftüchern herum. Später erfahre ich, dass sie Angehörige der High Society aus dem Nahen Osten sind.

Plötzlich frage ich mich: »Wie soll ich nur den Speisesaal finden und dann wieder mein Zimmer, geschweige denn die vielen Räume für die Anwendungen?« Scherzhaft sage ich manchmal: »Wenn man mich dreimal um die eigene Achse dreht, weiß ich nicht mehr, wo ich bin.« Ich bin schon oft bei Vortragsreisen auf die Toilette gegangen und habe mich beim Verlassen der Toilette verlaufen. »Warum werden solche Häuser nur immer so verschachtelt gebaut? Wie soll das denn ein Mensch schaffen?« Es kostet mich zu viel Energie, mich in fremden Häusern zurechtzufinden. Wie einfach ist dagegen doch das Leben zu Hause. Mir schießen schon wieder die Tränen in die Augen.

Susi fragt, was denn los sei.

Irgendwie fühle ich mich abgeschoben, allein gelassen, verloren in dieser mir fremden Welt. Ich möchte nach Hause und auch wieder nicht. Fühle mich überfordert und verstehe mich selbst nicht. Bisher bin ich diesen schweren Weg doch so tapfer an Gottes Hand gegangen. Und jetzt, kurz vor dem Ziel, versagen mir meine psychischen Kräfte.

Was für ein Tag! Heute Morgen war ich noch in Krefeld im Krankenhaus, dann kurz zu Hause und jetzt hier. Es kommt mir alles so unwirklich vor. Meine Zimmernachbarin ist mittlerweile zu ihrer Anwendung gegangen. »Wir sehen uns später«, meint sie. Susi räumt mir meine Kleidung aus dem Koffer in den Schrank und den Bademantel, die Handtücher und das Reisenecessaire ins Bad.

Ich lege mich aufs Bett und schließe meine Augen. Meine ganze Energie scheint verflogen. Am liebsten möchte ich weglaufen. Susi will mich ablenken und schlägt ein Spiel vor. Wir setzen uns dazu an den Tisch mit zwei Stühlen. Wie schön, dass wir allein sind. Nach dem Spiel suchen wir die Cafeteria auf. Ich staune, wie gut sich Susi zurechtfindet. Sie geht sicher und mühelos den richtigen Weg. Für sie scheint das eher wie ein Spiel zu sein. Der Kaffee tut gut und auch das Erdbeertörtchen mit Sahne.

Da wir erst am Nachmittag eingecheckt haben, werde ich heute nicht mehr von einer Ärztin untersucht, das geht nur morgens. Wie gut, dass ich genug Medikamente gegen hohen Blutdruck und Epilepsie mitbekommen habe. Vor dem Abendessen macht sich Susi auf den Heimweg. Ich schaue ihr noch lange nach und versuche, die Tränen so lange zu unterdrücken, wie sie mich noch sieht.

Dann versuche ich, zum ersten Mal den Weg in mein Zimmer alleine zu finden. Schon beim ersten Aufzug weiß ich nicht, wie hoch ich fahren muss. Zum Glück treffe ich meine Zimmernachbarin und laufe ihr einfach hinterher. Wir kommen ins Gespräch. Sie hatte wohl mehrere Schlaganfälle und ist deshalb hier.

Vor dem Abendessen bringt mir eine Krankenschwester eine Karte, auf der steht, wann ich morgen zum Blutabnehmen, Wiegen und Blutdruckmessen kommen muss. Außerdem habe ich ein Aufnahmegespräch bei der für mich zuständigen Ärztin. Zusätzlich hält sie meine Medikamente bereit und fragt, ob bisher alles in Ordnung sei. »Haben Sie Schmerzen? Wollen Sie ein Schlafmittel für die Nacht?« »Nein, danke. Alles im grünen Bereich.« Von meinem heulenden Elend sage ich ihr nichts. Ich bin müde, erschöpft und lege mich etwas hin. Vorsichtshalber stelle ich mir den Wecker, damit ich das Abendbrot nicht verschlafe.

Abends lese ich noch etwas, telefoniere mit Thomas und freue mich, dass auch meine Bettnachbarin kein Fernsehen schauen will. Um 21.30 Uhr machen wir schon das Licht aus.

Gegen 5.30 Uhr werde ich wach und wundere mich, dass meine Nachbarin schon duscht. Als sie angezogen an meinem Bett vorbeigeht, meint sie: »Ich muss heute zum Blutabnehmen. Am besten ist man dann schon um 6.45 Uhr da, wenn man um 7 Uhr den Termin hat. Sonst wartet man ewig, kommt zu spät zum Frühstück und hinterher zu spät zu den ersten Anwendungen. Müssen Sie nicht auch zur Blutabnahme?« »Doch«, entgegne ich. »Dann machen Sie sich am besten auch schon mal fertig«, rät sie. Kurz darauf gehen wir zusammen eine Etage höher. Wir sind die Ersten. Triumphierend schaut mich meine Bettnachbarin an, als ob ihr Blick sagen wollte: »Wir haben es geschafft.«

Der Blutdruck ist im Normbereich. Gegen 10 Uhr suche ich die Ärztin auf. Sie macht eine gründliche Anamnese, um herauszufinden, welche Anwendungen sie verschreiben will. »Zuerst einmal muss der Psychologe einige Tests mit Ihnen machen, um zu schauen wie Ihre Konzentrations- und Merkfähigkeit ist. Das ist das Wichtigste, wenn man eine Gehirnoperation hatte. Außerdem werden Sie ein bisschen turnen und Rad fahren. Die Ergotherapeuten werden dafür einen Plan ausarbeiten.«

Nachmittags habe ich schon den ersten Termin beim Psychologen. Er fragt mich nach meinen Zielen in der Rehabilitation: »Was möchten Sie verbessern durch Ihren Aufenthalt? Haben Sie Defizite? Ist Ihnen selbst schon etwas aufgefallen, was Sie nicht mehr so gut können wie vorher?« Die Fragen verunsichern mich: »Will ich der Wahrheit nicht ins Auge schauen? Bin ich nicht bereit, ehrlich mit mir umzugehen?« »Bisher wollte ich mich hier nur erholen«, gebe ich etwas kleinlaut zu bedenken. Und bin mir der Ungeheuerlichkeit des Gesagten auf einmal bewusst. Hier ist doch kein Urlaubsort, sondern eine Reha, bei der alle Patienten eine Verbesserung ihrer Lage erhoffen. »Gut, dann machen wir erst mal die Tests, um zu sehen, wo Ihre Defizite liegen. Was arbeiten Sie genau?«, fragt der Psychologe. »Ich bin zu Hause, schreibe Bücher, Artikel und reise als Referentin durchs Land.« »Dann möchte ich Sie vorab bitten, bei allen Plänen die

Rekonvaleszenzzeit von einem halben Jahr nicht zu verkürzen. Ich kenne mehrere Menschen, die es trotz der Ratschläge taten und dann feststellen mussten, dass sie den Anforderungen des Alltages nicht gewachsen waren. Sie müssen das Erlebte nicht nur körperlich verkraften, sondern auch seelisch.«

Bei der Vorstellung, alle möglichen Tests machen zu müssen, fühle ich mich unwohl. Ich bin immerhin schon 58 Jahre alt. Ab und zu fallen mir keine Namen ein. Ich schreibe mir fast alles auf, um sicher zu sein, nichts zu vergessen. Nicht, dass sie am Ende noch eine beginnende Demenz feststellen oder Alzheimer. Das wäre furchtbar.

Abends frage ich Thomas, ob ihm etwas aufgefallen sei, was ich nicht mehr kann. »Funktioniert mein Gehirn so wie immer?«, bohre ich nach. »Ja, ich würde es dir mitteilen. Ich habe auch die Kinder gefragt. Ihnen ist auch nichts aufgefallen. Glaube es mir. Wir haben uns immer alles ehrlich gesagt. Ich würde dich nicht belügen. Für mich und uns bist du vollkommen die Alte. Auch von Freunden und Nachbarn kam keine Nachfrage diesbezüglich.«

Ich atme tief durch, auch wenn die Zweifel nicht alle ausgeräumt sind. Morgen wird der erste Test sein.

# 24.
# Baum, Schule, Jäger

Aufgeregt sitze ich vor dem Testraum. Mein Herz schlägt schneller als sonst. Dann werde ich hereingebeten. »Als Erstes mache ich einen Lerntest mit Ihnen. Ich nenne Ihnen jetzt zwölf Begriffe. Sie versuchen sie sich zu merken und wiederholen sie mir dann.« »Nein, ich will diesen Test nicht machen«, antworte ich. »Ich konnte noch nie auswendig lernen. Zwölf Begriffe kann sich kein Mensch merken und ich schon gar nicht. Haben Sie keinen anderen Test?« »Nein, dieser wurde für Sie ausgesucht und den müssen wir jetzt machen. Das ist doch nicht so schlimm.« »Doch, das ist furchtbar. Ich will den nicht machen. Ich lasse mich nicht vorführen. Ich habe sogar einmal die Schule geschwänzt, weil ich das Lied ›Oh Haupt voll Blut und Wunden‹ mit allen Strophen nicht behalten konnte. Und am Geburtstag meiner Mutter musste ich einmal als Hausaufgabe den Prolog aus ›Nathan der Weise‹ von Lessing auswendig lernen. Vier Stunden übte ich, während alle anderen Geburtstag feierten, und am nächsten Tag konnte ich es trotzdem nicht aufsagen.«

Die arme Frau weiß gar nicht, wie ihr geschieht. »Ob sich noch jemand anderes so aufführt wie ich? Es ist ja schon richtig peinlich«, denke ich. Sie wirkt verständnisvoll und ermutigt mich, es doch wenigstens zu versuchen. Ich muss all meinen Verstand aufbringen, um mich zu überwinden. Ich wollte nie wieder in so eine Lage kommen wie damals in der Schule und dachte, dass mir das bisher auch bis auf wenige Ausnahmen, die mich emotional immer an den Rand brachten, gut gelungen sei. Ich nicke ihr zu.

Auf einmal ist das Eis gebrochen und ich kann über meinen Schatten springen. Sie fängt an: »Baum, Schule, Jäger, Geige, Strand, Eis, Schüler, Schulhof, Fische, Bär ...« Ich muss meine Tränen zurückhalten. Das ist übermenschlich. Wer soll sich denn das merken? Eckart von Hirschhausen sagte bei einem Vortrag mal: »Bei sieben steigt der Mensch aus. Mehr als sieben Dinge kann er sich nicht merken.« Und ich soll mir zwölf merken. Auf einmal ist die Liste zu Ende und sie fragt mich. »An was können Sie sich erinnern?« Zaghaft zähle ich fünf auf. Sie liest sie mir noch mal vor. Diesmal kann ich mir acht merken. Nun wird es gemein. Sie liest eine andere Wortfolge vor und bittet mich, diese zu wiederholen. Danach kommt die erste Liste wieder dran. Und zum Schluss nennt sie alle Begriffe durcheinander und ich muss sagen, welche Wörter zur ersten Liste gehören. Am Ende bin ich schweißgebadet. Leider nennt sie mir nicht das Ergebnis. Sie sei nur die ausführende Kraft. Beurteilen würde der Psychologe.

Die Testserie wird fortgesetzt. Nun muss ich verschiedene Muster in wenigen Spielzügen mit Kugeln legen. Das geht ganz gut. Da kommt meine Spielernatur zum Vorschein. Das macht sogar Spaß.

Beim Abendbrot erzähle ich am Tisch, dass ich diese psychologischen Tests kaum aushalte, besonders, weil kein Ergebnis mitgeteilt wird. Es scheint, als ob ich in ein Wespennest gestochen hätte.

Eine Frau berichtet von einer Aufgabe, bei der sie verschiedene Dinge hätte erledigen müssen. »Ich konnte zu Fuß gehen oder ein Fahrrad nehmen, das aber kaputt war. Also hätte ich es vorher noch in eine Werkstatt bringen müssen. Die Reparatur sollte zwei Stunden dauern.« Interessanterweise erzählt sie, dass sie auch im wahren Leben nicht gerne Fahrrad fährt und von daher bei der Planung der Wege im Test gleich die Variante wählte, alles zu Fuß zu erledigen. Leider stellte sich am Ende heraus, dass ihr fünfzehn Minuten zur Lösung sämtlicher Aufträge gefehlt hätten. Spielt uns unsere eigene Persönlichkeit einen Streich bei solchen Prüfungsaufgaben? Warum konnte sie nicht über ihren Schatten springen und im Test Fahrrad fahren? Dann hätte sie die Aufgabe in der erforderlichen Zeit gut lösen können. Sie ist ziemlich deprimiert, denn vom erfolgreichen Abschneiden des psychologischen Tests hängt ihre weitere Berufslaufbahn ab.

Nun schaltet sich ein ehemaliger Manager ein, der auch nach einer Gehirnblutung hier ist. Er musste im Test eine Betriebsfeier organisieren. Leider vergaß er bei der Reisekostenberechnung, dass sie nicht nur hinfahren mussten, sondern auch zurück.»So etwas darf mir nicht passieren!«, sagt er immer noch sichtlich erregt.»So komme ich nie mehr auf den Managerposten.«

Ich hätte nicht gedacht, dass scheinbar alle hier durch die psychologischen Tests maximal gestresst sind.

Jeden zweiten Tag gibt es solche Tests. Und wann immer ich andere frage, wie es ihnen mit diesen Untersuchungen ergangen ist, erhalte ich ähnliche Antworten. Nun bin ich wieder gefordert. Diesmal wird meine Konzentration wie folgt getestet: Ich muss darauf achten, wann drei Kreuze nebeneinander auf dem Bildschirm auftauchen und dann einen Knopf bedienen. Gleichzeitig empfange ich Geräusche. Wenn zwei hohe Töne nacheinander zu hören sind, muss ich auch einen Knopf drücken.»Oh nein, ich hätte drücken müssen«, rufe ich aufgeregt.»Nicht schlimm, weitermachen«, betont die Psychologieassistentin. Die hat ja keine Ahnung, wenn sie sagt:»Nicht so schlimm.« Ihr kann es ja auch egal sein, wie ich abschneide. Kann ich nicht noch mal von vorne anfangen?»Nein, das geht nicht«, erwidert sie.

Dann folgen noch Rechenaufgaben und Tangramfiguren, die man in einen Spiegel legen muss, was mir wieder leichter fällt. Puh, geschafft. Ich spüre, wie mir der Schweiß den Rücken herunterläuft. Was für ein Stress!

Am Freitag, also gut eine Woche, nachdem ich in die Rehabilitationsklinik aufgenommen wurde, habe ich erst den nächsten Termin beim Psychologen. Er fragt mich als Erstes: »Na, wie geht es Ihnen?« »Ehrlich gesagt empfinde ich die Tests als eine Zumutung, besonders, weil man eine ganze Woche auf die Ergebnisse warten muss. Das ist der reinste Psychoterror. Ich möchte jetzt mal das Sprachrohr auch für die anderen Patienten sein. Es scheint allen hier so zu gehen. Ich habe mit einigen darüber gesprochen.« »Bevor Sie sich weiter aufregen, teile ich Ihnen erst mal Ihre Ergebnisse mit. Einverstanden?« Ich nicke.» Sie haben in allen Tests gut bis sehr gut abgeschnitten. Wahrscheinlich besser als ich, wenn ich sie machen müsste. Und ich bin nicht am Kopf operiert. Ehrlich gesagt finde ich kein Gebiet, auf dem ich Sie fördern könnte. Von mir aus sind Sie kerngesund und könnten auch schon wieder Auto fahren, von Ihren Fähigkeiten her, leider aber nicht von der Gesetzeslage.«

Ich schaue ihn ungläubig an. »Ist das wahr? Dann stimmt ja auch, was mein Mann und meine Kinder sagen. Und ich bin nicht im Begriff, dement zu werden, auch wenn mir ab und zu die Namen von bestimmten Personen nicht einfallen?« »Nein, es ist alles gut bis sehr gut«, wiederholt er.

Der Tag ist gerettet.

# 25.
# Von Zypern bis Kiel

Ich gehe in mein Zimmer zurück. Was liegt denn da auf meinem Bett? Ein Päckchen aus Zypern? Neugierig drösele ich die Paketschnur auf. Absender sind unsere Freunde, die mit ihren sechs Kindern vor ein paar Jahren nach Larnaka auf Zypern ausgewandert sind. Der Schuhkarton fühlt sich schwer an. Dann kommt ein Geschenk zum Vorschein. Vorsichtig enthülle ich ein kleines Kunstwerk und beginne den beigelegten Brief zu lesen. Jörn hat ein Bild gemalt. In der letzten Zeit macht er das öfter. So wie andere Menschen neue Lieder für Gott schreiben, malt er Eindrücke aus seiner Gebetszeit. Er schreibt:

> Ich habe für dich dieses Bild gemalt. Es zeigt einen Wasserfall, der sich kaskadenförmig einen Weg bahnt. Umgeben ist dieser von viel Bewegung in Violett. Ich glaube, dass Gott dir sagen möchte, dass sein Lebenswasser durch dich fließt und du von seinem souveränen Handeln (ausgedrückt durch die violette Farbe) eingeschlossen bist.

Ein Satz spricht mich besonders an: »Sein Lebenswasser wird durch mich hindurchfließen.« Ist das nicht wieder eine Bestätigung für die Botschaften von Mary-Anne und Hermann Schneider, die davon sprachen, dass ich Gott zur Ehre noch mehr Frucht bringen werde? Das Gemälde spiegelt einen tief in mir verwurzelten Wunsch wider, dass Menschen durch mich Gottes Liebe erfahren und ich wie ein Kanal für ihn sein kann.

Ich stelle es auf meinen Nachttisch und lasse es auf mich wirken.

Man kann auch mit Worten Bilder malen, die dann in der Fantasie zu leben anfangen. Aus Kiel schreibt mir eine Freundin zu meiner momentanen Situation:

> Du bist eine tapfere Kriegerin, die in allen Umständen, auch jetzt in dieser schweren Krankheit, dem Feind trotzt, die mitten im Chaos und Schmerz Festigkeit und Vertrauen hat, die mitten im Sturm Frieden und Ruhe besitzt. Und du bist dadurch Zeugnis von einem allmächtigen Gott, der seinen Arm bewegt und in aussichtslosen Situationen eingreift, von einem Gott, der immer noch Wunder tut. Danke, dass du mir das Erlebte mitgeteilt hast. Du hast dadurch meinen Glauben gemehrt. Du hast jetzt eine Geschichte zu erzählen mit gutem Ausgang, die Hoffnung vermittelt für viele.

Der Brief tut meiner Seele einfach gut und tröstet mich. Sie hat recht. Manche Wege gefallen uns nicht, aber wir müssen sie trotzdem gehen. Oft sagen wir hinterher, dass es die wichtigsten, lehrreichsten und damit besten Zeiten unseres Lebens waren. Lebensverändernde Zeiten sind oft schwere Zeiten. In der Not werden wir tiefer gegründet, bekommen Wurzeln und erkennen, was wirklich trägt. Bäume mit starken Wurzel halten dem Sturm stand. Ich bin dankbar, dass mein Glaube an Gott bis hierher standgehalten hat. Und die Gewissheit, dass der Gott der Bibel lebt und mich liebt, ist noch mehr durchgedrungen.

Ich lasse mich auf mein Bett fallen und genieße es, Zeit zu haben, um nachzudenken und ein Gedicht zu schreiben.

**Wer bin ich?**

Bin ich, was ich scheine oder
vielleicht, was ich meine?
Bin ich, was andere denken oder
wohin sie mich lenken?

Bin ich, was ich leiste oder
eher, wohin ich reiste?
Bin ich öffentlich bekannt oder
zählt nur das Familienband?

Bin ich, was ich in Vorträgen sage oder
das, was ich nur still ertrage?
Bin ich, was zu Papier gebracht oder
was an Filmen wird gemacht?

Bin ich stumm genauso viel wert?
Und halbseitengelähmt noch begehrt?
Bin ich zu Hause dann auch willkommen?
Und als im Wesen verändert angenommen?

Egal, was kommt, ich bin geborgen.
Und denke getrost an den nächsten Morgen.
Nur wer mich geschaffen, bestimmt meinen Wert
und wird dafür von mir geliebt und geehrt.

*Ute Horn*

Als junge Frau habe ich mich oft gefragt: Wer bin ich und warum bin ich auf dieser Welt? Am lautesten war die Frage, als ich mit 27 Jahren mit einer Herzmuskelentzündung auf der Intensivstation lag. Ich war gerade zwei Jahre verheiratet und arbeitete als Assistenzärztin in der Hautklinik in Krefeld, als mein Herz streikte. Mich quälte: »Wer bist du, wenn du für die Gesellschaft keine Arbeitskraft zur Verfügung stellen kannst? Wer bist du, wenn du deinem Mann keine Kinder schenken kannst? Wer bist du, wenn du mit deinen Freunden keine Feste mehr feiern kannst?«

Und vor meiner Gehirn-OP fragte ich mich: »Welchen Wert hat eine Referentin noch, wenn sie nichts mehr sagen kann? Welchen Wert hat eine Autorin, die keine neuen Bücher und Artikel mehr schreibt, weil sie halbseitengelähmt ist? Welchen Wert hat eine Ehefrau und Mutter, wenn sie wesensverändert aus der Narkose aufwacht?«

Immer wieder im Leben müssen wir uns mit unserer Identität beschäftigen. Jede Veränderung kann gravierende Einflüsse auf mein Selbstwertgefühl haben. Kann ich mich noch lieben, wenn ich krank bin und bleibe? Wie gehen meine Angehörigen mit mir um, wenn Gott unsere Gebete um Heilung nicht erhört?

Ich habe schon oft über das Thema Selbstannahme gesprochen und geschrieben, und immer musste ich es neu buchstabieren. Hatte ich wirklich schon in der Tiefe erfasst, dass nur Gott mir eine allen Stürmen trotzende Identität geben kann? Nur seine Liebe ist unabhängig von meinem Zustand. Er gibt mich nicht auf, auch nicht, wenn ich nicht mehr reden kann, mir eine Hälfte des Körpers nicht mehr gehorcht oder ich langsam meine Persönlichkeit verliere.

# 26.
# Bratwurst mit Hindernissen

Ich bin doch erst eine Woche hier und schon fällt mir die Decke auf den Kopf. Ich laufe im Eingangsbereich des Reha-Zentrums herum wie ein Tiger im Käfig. Innerlich total unruhig! Ich fühle mich allein, obwohl ich von vielen Menschen umgeben bin. Am liebsten würde ich meine Siebensachen packen und nach Hause fahren.

Ich schaue aus dem Fenster. Draußen sitzen die Raucher. Sie wirken wie Verbündete und scheinen schneller als die anderen Freundschaften zu schließen.

Soll ich aufs Zimmer gehen und lesen oder lieber schwimmen? Ich bin unentschlossen. Die strahlende Sonne zieht mich schließlich nach draußen und so setze ich mich auf eine Bank an der Straße.

Ich beobachte die Menschen, schaue in ihre müden und angespannten Gesichter. Der Bus hält und es steigen Besucher aus. Sie werden freudig von den Angehörigen begrüßt. »Mich wird niemand besuchen«, sinniere ich traurig. Nach Dienstschluss noch über hundert Kilometer einfache Strecke zu fahren kann ich von niemandem verlangen.

Ich würde gerne mal wieder am Rhein spazieren gehen. Aber ich traue mich noch nicht, alleine dorthin zu laufen oder mit dem Bus zu fahren. Ich gerate immer tiefer in den Strudel des Selbstmitleides, als auf einmal ein mir sehr vertrautes Gesicht um die Ecke biegt. Die Überraschung ist ihr gelungen. Meine Freundin hat sich nach Dienstschluss spontan ins Auto gesetzt und ist die 120 Kilometer hierher gefahren, ohne sich vorher zu vergewissern, ob ich auch da bin. Ich kann mein Glück kaum fassen und frage sofort: »Susi, kannst du mit mir zum Rhein fahren? Ich muss mal wieder einen Fluss sehen.« Von klein auf faszinieren mich Städte mit Flüssen. Auch in Krefeld gehe ich gerne zum Rhein.

Zwei Minuten später sitzen wir im Auto und geben auf gut Glück »Rheinwiesen« ins Navigationssystem ein. Ich öffne das Fenster und lasse mir den Fahrtwind ins Gesicht wehen. Zwanzig Minuten später biegen wir auf einen schon ziemlich vollen Parkplatz ab. Doch weit und breit ist kein Fluss zu sehen. Wir fragen ein Pärchen, das offensichtlich auch zum Rhein will. »Oh, da müssen Sie mindestens einen Kilometer laufen«, lautet die niederschmetternde Antwort, doch das traue ich mir noch nicht zu. »Und wo können wir näher heranfahren?«, bohren wir nach. Sie nennen uns eine Adresse und wir machen uns auf den Weg. Hoffentlich schaffen wir es noch vor Anbruch der Dunkelheit. Dann endlich fahren wir genau auf den Rhein zu. Ich bin begeistert und lasse meinen verrückten Gedanken freien Lauf: Ich könnte mich einfach in den Rhein fallen und nach Krefeld treiben lassen. Schon merkwürdig, dass beide Städte am Rhein liegen. Wenn ich gegen den Strom schwimmen würde, käme ich nach Basel, wo Freunde von uns leben – auch nicht schlecht.

Wir schlendern ein wenig am Rheinufer entlang und staunen über die vielen Fahrradfahrer und Fußgänger, die um 20.30 Uhr noch unterwegs sind. Schon nach kurzer Zeit fühle ich mich erschöpft. Auch wenn mein Körper noch streiken will, atmet meine Seele auf und würde gerne noch mehr Eindrücke sammeln. Doch meine Vernunft siegt.

Auf dem Weg in die Klinik überfällt mich Heißhunger auf eine Bratwurst. Wie lange habe ich schon keine mehr gegessen. Wir stellen das Auto ab, laufen zu einer Imbissbude und bestellen zwei Bratwürste mit Senf und Brötchen.

Doch als ich voller Appetit reinbeißen will, kann ich meinen Mund nicht weit genug öffnen. Ich versuche es ein zweites Mal, habe aber keine Chance. Eine Bratwurst inklusive Brötchen passt definitiv nicht mehr in die Mundöffnung. Was ist geschehen? Das klappte doch früher immer. Offensichtlich wurden bei der Operation Muskeln durchtrennt, die fürs Öffnen des Mundes wichtig sind. Mein Versuch zu essen sieht wohl recht komisch aus, jedenfalls müssen wir beide lachen. Mit viel Mühe quetsche ich das Brötchen so zusammen, dass ich es in den Mund schieben kann. Leider nicht der volle Genuss, was aber auch daran liegt, dass die Wurst etwas ledern schmeckt. »Ob sich das wohl wieder gibt?«, geht es mir durch den Kopf. Susi bringt mich noch zurück in die Klinik und während sie noch zwei Stunden Autofahrt vor sich hat, lasse ich mich müde, aber glücklich ins Bett fallen.

Nach dem Ausflug werde ich mutiger, die Umgebung des Krankenhauses alleine zu erkunden. Jeden Tag traue ich mir längere Spaziergänge zu. Die Anwendungen in Form von Wassergymnastik, Schwimmen und Turnen tun mir gut. Ab nächster Woche steht eine Zweistundenwanderung durch das Naherholungsgebiet auf meinem Programm.

Ob ich da schon mithalten kann?

# 27.
# Schauspiel am Himmel

Heute Abend besucht mich Thomas das erste Mal alleine. Ich kann es kaum erwarten und freue mich riesig. Als ich ihn durch die Fensterscheibe entdecke, laufe ich auf ihn zu und überfalle ihn mit dem Wunsch, wieder zum Rhein zu fahren. Die Sonne scheint und verspricht einen schönen Abend. Doch plötzlich fängt es an zu regnen. Wir suchen unter den Bäumen Schutz, und bevor wir uns ärgern können, meint Thomas: »Schau mal, zwei Regenbögen übereinander. Hast du so etwas schon mal gesehen? Was für ein Schauspiel am Himmel direkt über dem Rhein!« »Einen für dich, Thomas, und einen für mich«, antworte ich. »Gott erneuert seinen Bund mit uns, so wie damals, als er nach der Sintflut mit Noah den Bund erneuert und gesagt hat, dass er die Menschen nicht mehr vernichten will und es immer Saat und Ernte geben wird. Haben wir nicht auch ein neues Leben zu zweit geschenkt bekommen?« »Ich bin so unendlich dankbar, dass ich dich noch habe und dass es dir so gut geht«, beginnt Thomas. »Nicht auszudenken, wenn es anders gekommen wäre. Ich weiß nicht, wie ich ohne dich leben könnte. Ich liebe dich sehr und möchte mit dir alt werden. Was für ein Vorrecht, wenn wir das erleben dürfen.«

Wir halten das Naturschauspiel auf einem Foto fest. Noch oft werde ich mir die Bilder anschauen. Habe ich je schon mal zwei Regenbogen so nah beieinander gesehen? Wir genehmigen uns noch ein Eis und setzen uns ans Ufer. Es tut so gut, wieder Nähe auszutauschen, im Arm des anderen zu liegen, Zeit zu zweit zu haben.

»Wie geht es dir, Thomas? Konntest du dich etwas erholen?«, frage ich. »Auf jeden Fall sind mir Zentner von meinen Schultern gefallen, als du nach der Operation gesund aufgewacht bist. Welch ein Wunder, dass du gar keine Therapie brauchst. Du bist wirklich so wie immer. Es tut so gut, dich so lachen zu sehen, deine Stimme zu hören. Ich genieße deine Erzählungen, die so fließend aus deinem Mund kommen. Du bist wie ein Weltwunder für mich. Wie eine zweite Chance im Leben. Lass uns immer daran denken, wenn wir uns mal wieder streiten. Ich will festhalten, dass du mir ein zweites Mal geschenkt worden bist.« »Ja, ich nehme dich auch ein zweites Mal als Geschenk an.

Es ist fast wie die Erneuerung unserer Ehe. Möge Gott uns noch viele gemeinsame Jahre schenken! Schade, dass ich nicht mit zur Zeltstadt[22] fahren kann, dieses Highlight in jedem Sommer, wenn wir zehn Tage lang in Seminaren, Gottesdiensten und persönlichen Begegnungen Gott suchen. Aber das würde mir wirklich zu viel werden. Ich ermüde doch noch leicht. Die vielen Leute, Gespräche, Referate wären zu anstrengend, auch wenn die Freude daran überwiegen würde. Willst du unser gemeinsam ausgearbeitetes Seminar denn wirklich alleine halten? Wird dir das nicht auch zu viel? Willst du nicht lieber einfach nur mal zehn Tage ausspannen? Im Wohnmobil am Meer? Oder du verschiebst deinen Urlaub und wir fahren zusammen nach Gescher, wenn ich aus der Reha wieder zurück bin. Heti und Raimund würden uns bestimmt auch zusammen verwöhnen. Alleine habe ich mich ja schon für ein bis zwei Wochen bei ihnen angemeldet.«

»Ich habe oft darüber nachgedacht und auch Gott gefragt, was richtig wäre, und bin zu dem Schluss gekommen, dass ich gerne auf die Nordalb möchte. Ich habe den Verantwortlichen gesagt, dass ich nur die eineinhalb Stunden Seminar halte und die Lei-

---

[22] www.kirche-im-aufbruch.de/zeltstadt.html [letztes Zugriffsdatum 16.12.2014].

tung der Gruppenleiter wieder übernehme. Ansonsten ziehe ich mich in unser Wohnmobil zurück, will viel spazieren gehen und schlafen.«

»Na gut, wenn das das Beste für dich ist.« »Ich werde dich jetzt nicht mehr besuchen kommen. Aber wir können ja immer telefonieren. Es ist doch ein ganz schöner Aufwand, zu dir zu fahren. Ich brauche genauso lange für die Hin- und Rückfahrt, wie ich dann Zeit mit dir verbringen kann. Aber heute musste ich einfach mal kommen. Was liegt dir noch auf dem Herzen? Ansonsten würde ich dich jetzt gerne wieder in die Klinik bringen und zurückfahren. Ich muss mich ja noch auf die Zeltstadt vorbereiten und alles einpacken.«

Am 19.7.2012 hat unser Sohn Josua Geburtstag. Es fällt mir schwer, diesen nicht ausrichten zu können. »Wer backt ihm einen Kuchen? Wer kocht ihm sein Lieblingsessen? Kann ich ihm nur telefonisch gratulieren?«, schwirrt es mir durch den Kopf. Umso mehr freue ich mich, als Josua mich am Mittwochabend anruft und folgenden Vorschlag macht: »Mama, was hältst du davon, wenn ich dich morgen zusammen mit meiner Freundin und Benjamin besuche?« »Ist das dein Ernst?« Ich kann meine Tränen kaum zurückhalten. Ich liebe es, Geburtstag zu feiern. »Ja, gerne«, freue ich mich. »Ich kann euch in ein kleines Lokal in der Nähe der Klinik einladen. Wann könnt ihr hier sein? Dann bestelle ich einen Tisch für vier Personen.« Als ich auflege, kann ich es immer noch nicht glauben. Mein Sohn kommt an seinem Geburtstag zu mir, um mit mir zu feiern. Welche Wertschätzung!

Immer wieder besucht mich auch Robert, der Freund meiner Tochter. Als Lehrer hat er Sommerferien. Wir verabreden uns um die Mittagszeit. Es ist etwas Besonderes, die Freunde der Kinder mal alleine als Gesprächspartner zu haben. Ich lerne sie auf eine ganz andere Art und Weise noch mal kennen und schätzen.

In der letzten Woche lädt mich Susi wieder zum Rhein ein. Wir machen einen längeren Spaziergang. Dann setzen wir uns in den Sand und schauen den Schiffen zu. Auf einmal sagt sie: »Hast du keine Lust, mit uns für zwei Wochen in die Türkei zu fliegen? Eigentlich hättest du doch im September Zeit, wenn du keine Vorträge halten darfst. Das würde dir bestimmt guttun.« Da ich nicht gerne in fremde Länder fahre, frage ich zurück: »Was würdest du mir dafür geben, wenn ich wirklich mitkäme?« Sie schaut mich herausfordernd an: »Ich würde aufhören zu rauchen, wenn du mitkommst.« Ich bin total baff. Das wäre wirklich ein großes Opfer für sie.

Wie oft habe ich mir das schon gewünscht, habe mit ihr darüber gesprochen und dafür gebetet. Ohne groß nachzudenken, antworte ich: »Ich überlege es mir und spreche mit Thomas.« Großes Erstaunen in ihrem Gesicht: »Das würdest du wirklich machen?« Als ich am Abend mit Thomas spreche, ist er sofort einverstanden. So telefoniere ich am nächsten Tag mit ihr und bestätige: »Ich nehme das Angebot an. Du hörst auf zu rauchen und ich fahre mit dir und der Gruppe in die Türkei.« Erstaunlicherweise bekomme ich im selben Flugzeug sowohl den Hin- als auch den Rückflug wie die Gruppe, die vor einem halben Jahr gebucht hat.

Die zwei Wochen in der Türkei werden nicht nur für meine Freundin eine lebensverändernde Zeit sein, sondern auch für mich.

# 28.
# Josefs Besucher

Jeden Tag gehe ich in den Stilleraum der Klinik. Ich genieße die schönen bunten Glasfenster und lese interessiert in den ausgelegten Schriften. Die Geschichte von Josef spricht mich besonders an. Ich erzähle sie mit meinen eigenen Worten: Josef ist Arbeiter im Ruhrgebiet. Jeden Mittag um 12 Uhr geht er in die Dorfkapelle und betet: »Jesus, hier ist Josef.« Nach fünf Minuten verlässt er gut gelaunt die Kirche. Ein Pfarrer beobachtet ihn und sagt eines Tages zu ihm: »Josef, was machst du denn hier? So kurz, wie du hier bist, hat das überhaupt einen Sinn?« Josef lächelt nur. Eines Tages wird Josef krank und muss ins Krankenhaus. Eine Krankenschwester bemerkt: »Bei dir ist immer so ein Frieden im Krankenzimmer. Woran liegt das?« Josef antwortet: »Das liegt an meinem Besucher.« »Aber, Josef, du bekommst nie Besuch. Ich habe noch nicht einen Menschen bei dir gesehen, der dich besucht hat.« »Doch, jeden Mittag um 12 Uhr kommt Jesus und sagt: ›Josef, hier bin ich.‹«

Die Geschichte hat mein Herz tief berührt, weil ich schon am ersten Tag auf der Intensivstation das Gebet formulierte: »Jesus Christus, bitte mach aus diesem Krankenzimmer eine Kirche, also einen Raum, in dem man dir begegnen kann. Du sagst in deinem Wort, dass du in mir lebst, wenn ich dir mein Leben anvertraut habe und bekenne, dass du der Sohn Gottes bist. Also trage ich dich überall mit hin. Und somit haben Menschen die Möglichkeit, dir zu begegnen. Bitte lass auch diese Zeit in der Klinik dazu dienen, dass Menschen dich durch mich kennenlernen.«

Von daher hat es mich immer sehr gefreut, wenn Besucher oder auch das Personal der Klinik äußerten: »Wir kommen immer gerne zu dir/Ihnen ins Zimmer. Hier herrscht so ein Frieden.« Eines Nachts werde ich gegen 3 Uhr wach. In mir empfinde ich folgenden Gedanken: »*Sag ihnen, es ist alles Gnade.*« Ich frage zurück: »Alles?«, und ich höre: »*Alles.*« Auf einmal bin ich hellwach. Was war das gerade? Hat Gott wieder einmal in meine Gedanken die seinen gewebt?

So etwas habe ich schon öfter erlebt. Am deutlichsten war es wohl, als ich das erste Mal zum Thema: »Was Teenager bewegt und Eltern wissen sollten«, sprach. In einem Kreis von zehn Frauen referierte ich, was ich meinen Kindern in der Pubertät sagen wollte. Mittendrin dachte ich: »*Dieses Thema wirst du in Schulen bringen.*« Ich weiß noch, wie ich staunte: »Ich bin doch keine Lehrerin, ich bin Ärztin, wie soll das geschehen?« Noch am gleichen Abend sagte eine Frau zu mir: »Ute, ich hatte einen merkwürdigen Eindruck, als ich dir zuhörte: ›*Ute wird dieses Thema noch sehr oft referieren.*‹« Und so sollte es kommen. Zwei Jahre später war ich das erste Mal in einer Schule und seitdem darf ich immer wieder darüber sprechen: in Gemeinden, Schulen, vor Schülern, Eltern und Lehrern, in Deutschland, Polen und demnächst in Indien.

Es ist gut, wenn wir dieses leise Reden Gottes nicht überhören. Das geschieht so leicht im Alltag. Es ist gut, wenn es durch andere bestätigt wird. Es gehört etwas Mut dazu, solche Gedanken auszusprechen.

»Es ist alles Gnade« brennt sich tief in mein Herz ein und ist bis heute sehr lebendig. Mir zeigt der Satz, dass ich Gott brauche und zwar zu jeder Zeit an jedem Ort. Wenn Gott seine Gnade nur einen Millimeter von mir nimmt, bin ich zu allem fähig: Ich bin bereit zu töten, die Ehe zu brechen, ihn zu verleugnen und zu lügen. Es ist reine Gnade, wenn ich es nicht tue. Es ist auch Gnade, dass ich noch lebe. Es ist nicht mein Verdienst. Ich bin nicht geheilt worden, weil ich gut bin, viel bete oder Geld spende. Wenn er seine Gnade von mir nimmt, bin ich ungeschützt. Mich macht der Satz abhängig von Gott. Es ist fast wie ein neuer Auftrag, eine neue Berufung, ein neuer Schwerpunkt in meinem Dienst, diese absolute Abhängigkeit von Gott und seiner Gnade weiterzugeben. Die Gnade beschäftigt mich weiter, und so freue ich mich ganz besonders über einen Brief, in dem eine Freundin Gott während der Operation um diese Gnade für mich gebeten hat. Die Art, wie Adelheid ihre Gebetszeit gestaltet hat, bewegt mich, und so lese ich ihn mir immer wieder durch.

Liebe Ute,

ich weiß nicht, ob du dich noch daran erinnern kannst. Ich muss in letzter Zeit immer wieder daran denken, was Ester einmal erzählt hat. Warst du am 03. Juni 2012 auch in der Gemeinde? *Ester sah ein großes Feuer. In der Mitte dieses Feuers lagen viele Werkzeuge. Gott will ein Feuer schicken, um seine Werkzeuge zu reinigen. Es wird heiß werden, wehtun, aber dich nicht verzehren!* Bei diesem Bild musste ich an dich denken. Da sich unsere Männer eigentlich am 10.06.2012 abends treffen wollten, erfuhren wir schon am Nachmittag, dass du ins Krankenhaus eingeliefert worden bist. Es hat uns total geschockt, aber auch aufgerüttelt. Wie plötzlich kann doch das ganze Leben aus den Fugen geraten! Wir haben uns total mit euch verbunden gefühlt. Dann kam dein OP-Termin. Ich habe mich bewusst dazu entschieden, zu Hause zu bleiben. Ich wollte so beten, wie es in meinem Herzen war, und nicht auf Formulierungen oder Gefühlsausbrüche achten müssen. Ich wollte alleine sein mit Gott.

Ich sah mir deine Internet-Seite an. Ich wollte dein Bild sehen, wissen, was aus all deinen Terminen wird. Doch das, was mir wirklich in die Augen sprang, war das Wort »Dankbarkeit«. »Ja, so ist Ute«, dachte ich. Die liegt jetzt bestimmt im Krankenhaus und sagt: »Danke, dass es am Sonntag passiert ist. Danke, dass Thomas dabei war. Danke, dass ich noch lebe. Danke für die Ärzte, die mich operieren werden.«

Ich las die Tageslosung aus Jeremia 32,41: »*Ich werde Freude daran haben, ihnen Gutes zu tun.*«

Dann schlug ich die Bibel auf und las das ganze Kapitel 32. Die Verse 17 bis 19 haben mich total angesprochen. Ab Vers 16 trägt der Abschnitt die Überschrift: »Jeremias Gebet.« So betete ich genau wie Jeremia. Dabei las ich immer den Bibelvers laut und ergänzte mein spezielles Gebet für dich. »*Oh, Herr, mein Gott! Durch deine große Macht und auf deinen Befehl hin wurden Himmel und Erde geschaffen.* Du hast auch Ute geschaffen, du kennst sie, du weißt, was sie jetzt braucht. *Dir ist nichts unmöglich!* Du kannst sie heilen. Du kannst die Hände der Ärzte lenken. *Tausenden kommst du voller Güte entgegen …* Schenke Ute doch durch deine Gnade Gesundheit. *Du bist ein großer und mächtiger Gott; dein Name ist: Herr der Allmächtige. Du bist groß, du tust große Wunder. Du besitzt alle Weisheit und vollbringst große und mächtige Wunder.* Gott, du bist treu. Du machst keinen Fehler.

*Deinen Augen entgeht nichts von dem, was jeder einzelne Mensch tut, und du gibst jedem, was er wegen seines Tuns und wegen seiner Taten verdient hat.* Ich weiß auch, dass man manchmal schwere Wege gehen muss, obwohl man Gott wohlgefällig lebt, und dass man keinen Anspruch auf die Hilfe Gottes hat. Doch Gott, du kennst Utes Lebensweg. Er liegt vor dir offen. Du siehst, wie sie sich für dein Reich einsetzt, die guten Taten, die sie für dich getan hat. Schenke ihr doch deine Gnade. Schenke ihr Gesundheit.«

Ich las betend weiter bis zur eigentlichen Tageslosung: »*Ich werde Freude daran haben, ihnen Gutes zu tun.*« Danach wurde ich ruhiger. Ich hatte Frieden in meinem Herzen. Frieden, der höher ist als all meine Gedanken und mein Verstand.

Ich danke Gott von Herzen, dass er eingegriffen hat und du lebst. Ich freue mich, dass ich ein Stück Anteil an deinem Leben haben darf. Ich danke Gott mit Vers 27: »*Ich bin der Herr, der Gott aller Völker der Welt. Sollte mir irgendetwas unmöglich sein?*«

Liebe Ute, du lebst, weil es ein Geschenk Gottes ist. Er wollte dir und ich denke auch vielen anderen Betern Gutes tun.

Ich freue mich sehr, dass ich dir dies alles noch schreiben kann. Ich schätze dich sehr und bin Gott total dankbar, dass es dich gibt.

In Jesu Liebe verbunden

*Adelheid*

# 29.
# Abschied nehmen

Während ich in der Rehabilitation bin, stirbt ein 20-jähriges Mädchen aus unserer Gemeinde an einem bösartigen Gehirntumor, einem Glioblastom. Ich kenne sie seit ihrer Geburt und sie hat drei Jahre gegen die Krankheit gekämpft. Am 28. Juli 2012 schläft sie für immer ein. Geboren wurde sie am 6. April 1992. Sie war ein ausgesprochen hübsches und intelligentes Mädchen mit einer sehr großen Ausstrahlung. Ihre Mutter war Deutsche und ihr Vater Singhalese aus Sri Lanka. Wir hörten ihr gerne zu, wenn sie Lobpreislieder sang. Oft erfreute sie uns mit ihrem Gesang zusammen mit ihrer älteren Schwester. Sie hatte eine tiefe Liebe zu Jesus Christus und beeindruckte auch Mitschüler und Lehrer durch ihren Glauben. Kurz vor Auftreten ihrer Krankheit hielt sie in ihrer Schule ein Referat über die Frage: »Warum bin ich Christ?«

Ihr Schlusssatz lautete: »Und ich wäre auch bereit, für meinen Glauben zu sterben.« Kurz darauf klagte sie über Kopfschmerzen. Sie vergaß viele Dinge und schnell wurde die Verdachtsdiagnose Gehirntumor gestellt. Sie wurde operiert und musste nach der Operation alles wieder mühsam neu lernen. Anschließend wurden verschiedene Chemotherapien durchgeführt.

Immer wieder überraschte sie uns mit Aussagen: »Ich freue mich so auf den Himmel. Wann darf ich endlich bei Jesus sein?« Und als ihr Vater sie einmal fragte, warum Jesus wohl seine Gebete um Heilung nicht erhören würde, antwortete sie: »Ich werde ihn fragen, wenn ich im Himmel bin.« Für sie stand immer fest, dass ihre Zeit hier auf Erden bald zu Ende gehen würde.

Als ich dann selbst im Krankenhaus liege und operiert werden muss, wird sie zeitnah eingeliefert, weil sie in einen komaähnlichen Schlaf fällt, aus dem sie die Eltern nicht mehr wecken können. Wenige Wochen später stirbt sie. Ich erfahre davon und möchte unbedingt bei der Abschiedsfeier und Beerdigung sein. Wie soll ich sonst begreifen, was passiert ist? Ich denke an den Tod meiner damals besten Freundin zurück. Sie nahm sich mit 21 Jahren das Leben. Jahrelang noch habe ich es nicht glauben können und wollen, dass sie wirklich nicht mehr lebt, weil ich nicht spüren und sehen durfte, dass sie tot und kalt und nicht mehr auf dieser Welt ist. Etwas begreifen heißt, es anfassen dürfen. Die deutsche Sprache findet sehr treffende Worte, um auszudrücken, was passiert. Wenn ich den kalten Körper des Toten anfasse, begreife ich. Ein Begreifen, das tiefer geht, als der Verstand es mir vermitteln kann.

Ich muss einfach zu Annes Abschiedsfeier fahren. Eigentlich soll ich erst am Tag ihrer Beerdigung aus der Reha entlassen werden. Doch das erscheint mir zu stressig. So bitte ich die behandelnde Ärztin, mir zu ermöglichen, einen Tag eher zu gehen. Als ich ihr den Grund erkläre, willigt sie sofort ein.

Am Nachmittag des 1. August 2012 bin ich total aufgeregt. Was für ein Gefühl, nach siebeneinhalb Wochen wieder nach Hause zu dürfen, nach dem, was ich erlebt habe. Was für ein Vorrecht, als gesunder Mensch die Rehabilitation zu verlassen.

Am nächsten Morgen fahre ich zusammen mit meinen beiden Söhnen Josua und Benni nach Willich zur Beerdigung. Ich weiß nicht, ob meine Kräfte und mein Kreislauf nicht versagen, aber ich will es versuchen. Annes und mein Leben sind für immer miteinander verwoben. Ihr Leben und Sterben stellen Fragen auch an mich, ohne dass sie wirklich jemand stellt: »Warum muss oder darf sie sterben und bei Jesus sein und warum muss oder darf ich weiterleben?«

Gott hat eine Gewissheit in ihr Herz gepflanzt, dass es den Himmel wirklich gibt, und die hat sie uns weitergegeben. Und diese ist sehr wichtig im Leben und im Sterben. Im Gottesdienst sitzen viele junge Menschen, ehemalige Klassenkameraden und deren Eltern, Pfadfinder, die Jugend der Pfingstgemeinde, Nachbarskinder. Auch einige ehemalige Lehrer und viele aus der Gemeinde, zu der sie seit ihrer Geburt gehörte, sind gekommen. Wir singen ihre Lieblingslieder. Als wir das Lied »Dir gehört mein Lob« von Matt und Beth Redman anstimmen, können einige beim Refrain nicht weitersingen. Da heißt es: »Egal, was du mir gibst, egal, was du mir nimmst, du bist und bleibst mein Gott, nur dir gehört mein Lob.«

In solchen Situationen wird Glauben massiv auf die Probe gestellt. Kann ich Gott trotzdem loben, wenn mir das Liebste genommen wurde? Will Gott das? Ist das ehrlich?

Meine Freundin sagte einmal: »Mich interessieren nicht deine schönen Erlebnisse mit Gott, wenn Gott deine Gebete erhört. Das kann ja jeder, Gott loben, wenn alles gut läuft, ich heirate, ein gesundes Kind im Arm halte, eine Prüfung bestehe oder Geld geschenkt bekomme. Aber trägt dein Glaube auch, wenn du eine Fehlgeburt hast, trotz vieler Gebete nicht gesund wirst oder deine Arbeitsstelle verlierst?« Ich konnte sagen: »Ja, er trägt. Gott hat mich fünfmal durch eine Fehlgeburt gehen lassen. Er hat es trotz vieler Gebete nicht verhindert. Aber er ist mit mir hindurchgegangen und hat mich getröstet.«

Nun wird eine Fotopräsentation von ihrem Leben an die Wand geworfen. Spätestens jetzt bleibt kein Auge mehr trocken. Alle nesteln nach ihren Taschentüchern und weinen leise vor sich hin. Die singhalesisch/deutsche Herkunft machte sie zu einer charmanten jungen Dame und ihre strahlenden Augen zogen alle in ihren Bann. Sie war eine sehr beliebte junge Frau und in vielen Bereichen engagiert. Viele waren schon gespannt, was

Gott noch alles mit ihr vorhaben würde. Und jetzt soll das Leben schon in der Knospe zu Ende sein? Es war doch gerade erst der Frühling angebrochen. Sollte sie niemals heiraten und Kinder bekommen können? Wie kann Gott es sich leisten, sie schon von der Erde zu nehmen? Sie hätte doch noch so viel für sein Reich bewirken können. Viele Gedanken schießen durch unsere Köpfe. Jeder denkt an seine eigenen Erfahrungen mit ihr. Wir trauern selbst, um sie und mit ihren Eltern. Es ist unnatürlich, wenn ein Kind vor den Eltern stirbt. Dagegen wehren wir uns. Das passt nicht zum Leben. Wie mag es ihren Eltern, Nihal und Ilse, wohl auf diesem so schweren Weg gehen? Vorbildlich haben sie ihre Tochter begleitet. Ilse hat ihren Beruf als Lehrerin aufgegeben, um rund um die Uhr bei Anne zu sein. Und Nihal wurde sehr von seinem Arbeitgeber unterstützt, der es ihm ermöglichte, viel Zeit bei seiner Tochter zu verbringen.

Alle staunten, dass sie noch drei Jahre lebte. Die meisten Patienten überleben das erste Jahr nach Diagnosestellung nicht. Ein Wunder nannten es die Ärzte. Jede Chemotherapie schien anzuschlagen und machte Hoffnung, dass man den Krebs doch besiegen könnte. Und doch war sie nicht gesund. Sie konnte sich vieles nicht merken. Wenn man sie nachmittags besuchte, wusste sie es oft abends schon nicht mehr. Aber in allem war sie meistens fröhlich.

Zurück zum Gottesdienst. Alle warten auf die Predigt und schauen auf den Mann, der nun die Kanzel betritt. Er spürt die allen unter den Nägeln brennende Frage: »Warum musste Anne mit 20 Jahren sterben?« Ich ergänze: »Warum darf Ute Horn weiterleben, obwohl sie schon 58 Jahre alt ist? Wäre es nicht gerechter, wenn Ute Horn gestorben wäre und nicht dieser junge Mensch, der noch sein ganzes Leben vor sich hatte?« Ich spürte diese Frage, als ich zur Tür hereinkam und mich viele das erste Mal seit dem epileptischen Anfall am 10. Juni 2012 sahen. Es war eine merkwürdige Atmosphäre. Ich schwebte wie ein Geist herein. Normalerweise hätte man sich bei meinem Anblick gefreut, aber unter diesen Umständen erfror jedes Lächeln auf den Gesichtern der Gemeindemitglieder.

Der Präses der Pfingstgemeinden steht auf der Kanzel. Roman Siewert beginnt mit den Worten: »Ihr stellt mir viele Fragen, vor allem, warum sie sterben musste, stimmt es?« Alle scheinen zu nicken. Wie wohltuend. Da steht ein Pastor, der uns abholt, der nicht gleich sagt, dass alles einen Sinn hat, sondern der einen Weg mit uns gehen will. »*Alles hat seine Zeit*«, steht in der Bibel. Wir dürfen weinen und klagen, trauern und zweifeln. Wir dürfen ehrlich sein und mit Gott ringen, auch rebellieren. Dann wird eine Zeit des Akzeptierens kommen und ich lasse mich neu in die ausgestreckte Hand Gottes fallen. Wir müssen dem lebendigen Gott begegnen, um getröstet zu werden. Dann versucht Roman Siewert eine Antwort auf die Frage zu finden. Er betont, dass er sich auch Heilung gewünscht hätte. Die einzige Erklärung, die er für sich gefunden habe, sei folgende: »Sie hat den Lauf ihres Lebens vollendet. Ich glaube, dass jedem Menschen eine bestimmte Lebenszeit zugeordnet wird. Offensichtlich war ihre Lebensuhr abgelaufen und Gott hat sie zu sich geholt.«

»Und meine Lebensuhr ist offensichtlich noch nicht abgelaufen«, denke ich. Wie sehr ich diese Predigt in mich aufsauge. »Hätte das hier nicht auch meine eigene Beerdigung sein können?« Die Predigt ist sehr persönlich, beleuchtet noch mal das kurze, aber sehr intensive Leben von Anne und hält uns vor Augen, dass dieses wunderbare Mädchen uns das Weiterleben gönnt. Sie will nicht, dass wir immer nur traurig sind. Sie würde uns zurufen: »Mir geht es jetzt gut. Ich habe keine Schmerzen mehr und ich warte auf euch.« Wir können uns alle gut vorstellen, dass Anne das wirklich sagen würde. Sie war immer optimistisch und ermutigend. Ich kann mich noch daran erinnern, dass sie sich bei mir einmal für eine Predigt bedankte, die ihr gut gefallen hatte. Damals war ich sehr überrascht, weil sie schon sehr krank war.

Wir behaupten, dass ein Leben erfüllt ist, wenn es wenigstens siebzig Jahre währt, aber ich weiß, dass es bei Gott diese Zeitrechnung nicht gibt. Unser Kind, das nur neun Wochen in mir gelebt hat, hatte auch seinen Lauf schon beendet. Und es hatte eine wunderbare Botschaft für diese Welt. Es erzählte davon, wie kostbar Kinder sind, dass es nicht selbstverständlich ist, geboren zu werden. Als es starb und ich weinte, meinte ich folgenden Dialog in mir zu vernehmen: »Warum weinst du?« » Weil du mir mein Kind weggenommen hast.« »Für deine anderen beiden Kinder musst du noch viel beten und kämpfen, dass sie den Weg zu mir finden, aber dieses Kind hat das Ziel seines Lebens schon erreicht. Es ist bei mir.«

Dieser Dialog hat tiefen Frieden in mein Herz gebracht. Ich glaube, dass Jesus selbst zu mir sprach und mich tröstete. Diese Erfahrung war so tief, dass ich ab diesem Zeitpunkt nie mehr um dieses Kind getrauert habe. Menschen, die zu mir kamen, drückten es so aus: »Wir hatten Angst, dich zu besuchen, weil wir keine Erklärung hatten, keinen Trost. Wie kann ein liebender Gott Kinder erschaffen und dann wieder sterben lassen? Das macht doch gar keinen Sinn. Unser Glauben kam ins Wanken.

Aber du wirkst so gefasst, so getröstet, und wenn du erklärst, worin deine Hoffnung besteht, strahlst du. Du tröstest uns und nicht wir dich, was für eine verdrehte Welt.« Kurz nach dieser Erfahrung hatte ich schon das Bedürfnis, ein Buch[23] über fehlgeborene Kinder zu schreiben, weil ich so sicher war, dass alle fehlgeborenen und auch die abgetriebenen Kinder im Him-

---

[23] Ute Horn, Leise wie ein Schmetterling, Abschied vom fehlgeborenen Kind, Holzgerlingen, SCM Hänssler, 7. Auflage, 2013.

mel weiterleben. Das müssen doch die Mütter und Väter und Geschwister hören und wissen, dachte ich. Aber die Gesellschaft war noch nicht so weit, diese Botschaft zu hören. Es sollten noch siebzehn Jahre ins Land ziehen, bevor ich das Buch schreiben konnte. Mittlerweile haben viele davon gehört und das Buch gelesen und es berührt viele Menschen. Dieses kleine Kind hat eine große Botschaft von Gott mitgebracht und ich darf immer wieder davon erzählen.

Und nun bin ich wieder im Gottesdienst. Ein junger Musiker singt noch ein selbst geschriebenes Lied für Anne und dann schreiten wir langsam aus der Kirche Richtung Friedhof. Draußen treffe ich meine Söhne. Josua sagt mit Tränen in den Augen: »Mama, ich musste immer wieder daran denken, dass es auch deine Beerdigung hätte sein können.« »Ich auch«, antworte ich und wir nehmen uns gegenseitig in die Arme und halten uns ganz lange fest. Auch Benjamin hatte ähnliche Gedanken. Mario gesellt sich zu uns. Als er mich umarmt, flüstert er: »Es hätte auch deine Beerdigung sein können. Wie schön, dass du lebst. Seit wann bist du wieder in Krefeld?« »Seit gestern Abend.« Mario ist mit seinen vier Kindern und seiner Frau gekommen. Viele Menschen gehen in Schwarz. Es ist eine lange Schlange. Ich bin froh, dass ich es bisher so gut durchgehalten habe. Dann wird der Sarg in die Erde gelassen. Alle halten noch mal kurz inne. Nun fahren alle zu uns in die Gemeinde, wo es noch etwas zu essen gibt. Wir sprechen über Anne. Eltern und Geschwister danken für die große Anteilnahme.

Zufällig sitze ich mit Roman Siewert an einem Tisch. Anlässlich eines Gottesdienstes mit anschließender Fragestunde zum Tod des zehnjährigen Mirco Schlitter[24], der in Grefrath auf grau-

---

[24] Sandra Schlitter, Reinhard Schlitter, Mirco, Verlieren. Verzweifeln. Verzeihen, Asslar, adeo, 2012.

same Art und Weise missbraucht und getötet wurde, hatten wir uns kennengelernt. Als er nach mir fragt, erzähle ich ihm von der Gefäßoperation im Gehirn. Er wirkt bestürzt und erleichtert zugleich und gibt mir den Rat mit, nicht zu früh wieder mit Vorträgen anzufangen. Nach einer Stunde bitte ich meine Söhne, mich nach Hause zu fahren. Auch wenn jetzt noch Gelegenheit wäre, von vorne Begebenheiten mit Anne zu erzählen, merke ich, dass mich meine Kräfte langsam verlassen. Ich bin etwas schweißig, mein Herz scheint lauter zu klopfen und ich freue mich auf Ruhe. Die letzten Stunden haben mich aufgewühlt. Immer wieder kommen Gedanken an meine eigene Beerdigung. Ich male mir aus, wie meine Familie wohl meine Gedenkfeier gestaltet hätte. Ich habe sechs Söhne und hatte schon einmal den Wunsch geäußert, dass sie dann den Sarg tragen sollten.

Als ich Freunden davon erzählte und diese Idee in einer Art Letztem Willen zu Papier brachte, erntete ich nur Unverständnis. »Wer weiß, wie lange du noch lebst. Nachher sind deine Söhne auch schon zu alt, haben Bandscheibenvorfälle, Hexenschüsse und Rückenprobleme und du zwingst sie, den Sarg zu tragen. Bitte mach das nicht. Du weißt vielleicht nicht, welche Macht solche Wünsche von Toten haben. Es ist schwer, diese nicht zu erfüllen.« Da ich die Bedenken nachvollziehen konnte, ließ ich diese Vorstellung wieder fallen.

Auf der Dankesanzeige, die Annes Eltern und Geschwister kurz darauf verschicken, steht: »... Bitte seid nicht traurig. Ich habe euch sehr lieb und möchte, dass ihr glücklich seid, indem ihr an Gott festhaltet...« Die Sätze sind ein Auszug aus ihrem Testament, das sie im Philosophieunterricht als Hausaufgabe als 16-Jährige am 16. September 2008!!, also vier Jahre vor ihrem Tod, verfasste und das ihre Eltern erst danach fanden.

# 30.
# Erneute Kopfschmerzen

Der erste Tag wieder in Krefeld ist doch anstrengender als gedacht. Thomas ist leider nicht zu Hause. Er ist zu dieser Zeit mit unserem Wohnmobil unterwegs und nimmt auf der schon seit letztem Jahr geplanten Freizeit auf der Nordalb teil. In Deggingen treffen sich jedes Jahr für zehn Tage etwa 2 000 Menschen zu einer sogenannten »Zeltstadt«. Sie wohnen in Zelten, Wohnwagen und Wohnmobilen, die in kleinen Dörfern angelegt sind. Morgens und abends feiert man in großen Zelten Gottesdienste. Zusätzlich gibt es mehrere Seminarangebote. Thomas und ich haben schon zu verschiedenen Themen gemeinsam referiert. So sollte es auch 2012 sein. Das Seminar sollte an fünf Vormittagen stattfinden. Obwohl uns die Verantwortlichen von unserem Versprechen, zu kommen, entbunden hatten, wollte Thomas gerne hinfahren und unser Seminar auch alleine halten. Ich konnte seinen Wunsch gut verstehen und habe ihn darin auch unterstützt. Leider sehe ich überall Arbeit. Das Unkraut wuchert, der Rasen müsste gemäht werden, Berge von Wäsche warten und das Haus müsste von Grund auf saniert werden. Wie gerne würde ich richtig zupacken. Aber ich halte mich zurück, denke an die vielen Ratschläge und bin dankbar, dass Freundinnen anbieten, meine verlängerten Arme zu sein. Sie kommen und fragen mich, was auf der Prioritätenliste ganz oben steht.

Ich wünsche mir ein frisch bezogenes Bett in einem geputzten Schlafzimmer. Denn schon nach der ersten Nacht in den eigenen vier Wänden quält mich meine Hausstauballergie mächtig. Morgens wache ich mit dick geschwollenen Augen und Atemnot auf.

Am Sonntag, den 5. August 2012, werde ich zu Freunden ins Münsterland gebracht. Bei ihnen kann ich mich weiter erholen, bis mein Mann wieder zurück ist. Ich genieße die Zeit bei ihnen im Garten, den Mittagsschlaf, die Spaziergänge und das gute Essen. Es tut mir gut, von meinen Erfahrungen zu berichten. Durchs Reden verarbeite ich und integriere das Erlebte immer mehr in meine Persönlichkeit. »Du hast dich verändert«, meint meine Freundin, »du wirkst entspannter, weniger gehetzt und sanfter.« »Ob das auch anhalten wird, wenn ich wieder die ganze Verantwortung für Haus und Hof übernehme?«, geht es mir durch den Kopf.

Ursprünglich hatten wir überlegt, ob ich vierzehn Tage dort bleibe, aber da Thomas am Freitag wieder in Krefeld ist, zieht es mich auch nach Hause. Zwei Monate ist es jetzt her, seitdem ich plötzlich von seiner Seite gerissen wurde und von jetzt auf gleich auf die Intensivstation eingeliefert wurde. In den zurückliegenden Wochen hatten wir beide wenig Zeit, um uns gegenseitig unsere tiefsten Gedanken und Gefühle mitzuteilen. Auch als ich vier Wochen in der Reha war, haben wir uns nur zweimal gesehen. Die 240 Kilometer Fahrt nach einem langen Arbeitstag waren Thomas einfach zu viel. So telefonierten wir nur. Es ist schön, sich wieder in die Augen zu schauen. Wir haben so viel auszutauschen. Wir lebten in den letzten Wochen in unterschiedlichen Welten.

Ich bin neugierig, was er von der »Zeltstadt« zu berichten hat. 2004 war ich alleine das erste Mal auf dem Gelände, um zwei Vorträge zu halten. Und ab 2005 fuhren wir immer zusammen hin. Wir kennen mittlerweile viele Menschen und so bringt Thomas mir einen ganzen Korb voller Grüße mit. Viele Teilnehmer hatten sich schon lange auf unser Seminar gefreut und waren dankbar, dass es nicht ausfiel und dass Thomas trotzdem gekommen war. Er war mit dem Verlauf des Seminars zufrieden und konnte sich auch etwas erholen.

Vor uns liegt noch eine gemeinsame Woche Urlaub. Eigentlich wollten wir zusammen nach Leipzig fahren, aber so eine Städtetour wäre doch noch zu anstrengend. So genießen wir unseren Garten, erfrischen uns im Schwimmbad und unternehmen ausgedehnte Spaziergänge. Wir sind dankbar, dass es mir so gut geht. Ich ermüde noch leicht, aber ansonsten fühle ich mich gesund.

Noch vier Wochen, dann trete ich die Türkeireise an. Susi hat mir schon oft von Muğla im Südwesten der Türkei an der Ägäis-Küste vorgeschwärmt.

Zwei Tage vor Reisebeginn droht der Urlaub plötzlich zu platzen. Von jetzt auf gleich habe ich ziehende Kopfschmerzen im Operationsgebiet. Ich versuche die Tatsache zu ignorieren. Doch Thomas merkt, dass es mir nicht gut geht, und bohrt nach: »Was ist los, du bist ganz blass um die Nase und hältst dir immer die rechte Kopfseite.« Ich will die Türkeifahrt nicht gefährden und antworte ausweichend: »Das wird schon wieder. Es sticht nur ein wenig im Kopf.«

Thomas will sofort mit mir in die Klinik fahren. Vorher messen wir noch den Blutdruck. Ich weigere mich, gebe schließlich aber doch nach. »Was kann das nur sein?« Wir erreichen die Notaufnahme und bitten um ein Gespräch mit einem Neurochirurgen. Wir müssen etwas warten, weil er sich vorher alle Operationsunterlagen anschaut. Dann kommt er auf uns zu und fragt nach den genauen Beschwerden. »Ich habe seit heute wieder stärkere rechtsseitige Kopfschmerzen und deshalb sind wir unsicher geworden.« »Außerdem möchte meine Frau in zwei Tagen in die Türkei fahren. Kann man das verantworten oder sollte sie die Reise lieber absagen?«

»Ich habe mir Ihre ganze Akte durchgelesen. Das Kavernom wurde komplett entfernt, von daher kann es keine erneute Blutung sein. Ich sehe keine Begründung dafür, sie jetzt wieder stationär aufzunehmen, es sei denn, Sie bestehen darauf.«»Wäre es möglich, dass meine Frau morgen noch ein MRT bekommt? Ich würde sie ungern ohne diese Untersuchung ins Flugzeug steigen lassen.«»Ich werde mich darum kümmern. Wir rufen Sie morgen früh an, ob es noch klappt.« Mittlerweile ist es 23 Uhr und wir fahren müde, aber erleichtert nach Hause. Der Neurochirurg konnte uns beruhigen. Gerne wollen wir ihm glauben, dass alles in Ordnung ist.

Am nächsten Morgen klingelt um 8 Uhr das Telefon und ich werde gebeten, gegen 10 Uhr in der Klinik zu sein. Ich rufe Susi an und erkläre ihr, was gestern Abend passiert ist. Sie bekommt erst mal einen großen Schreck.»Könnte es sein, dass du eine Nachblutung hast?«, fragt sie.»Darüber will ich nicht nachdenken«, antworte ich. Sie scheint mehr in meiner Stimme zu hören, als ich sage.»Hast du Angst vor der Untersuchung? Soll ich dich begleiten?«, höre ich wie durch eine Nebelwand.»Ja, bitte, wann kannst du denn da sein? Ich habe den Termin um 10 Uhr.« Susi nimmt sich zwei Stunden von der Arbeit frei und holt mich von zu Hause ab. Zusammen gehen wir zum MRT in den Wartebereich.»Nicht schon wieder«, denke ich.»Ich habe keine Kraft für eine neue Hiobsbotschaft und eine zweite Operation.« Dann werde ich von der medizinisch-technischen Assistentin aufgerufen. Wieder geht es mit dem Kopf zuerst in die »Röhre«, die Untersuchung beginnt und es fängt an zu hämmern, zu klopfen und zu brummen. In der Hand halte ich den Knopf, den ich zur Not drücken kann, um die Schwester zu rufen, falls ich Raumangst bekomme. Eine Dreiviertelstunde später sitze ich bei der Oberärztin im Zimmer. Sie sagt:»Es ist alles in Ordnung. Ich sehe keine Bedenken für Ihren Urlaub. Der Abheilungsprozess ist zeitgemäß.«»Türkei, wir kommen«, rufe ich Susi zu, als ich ins Wartezimmer trete

Wir sind beide erleichtert. Dann kann ich endlich packen.

# 31.
# Muğla

Am 6. September 2012 sitzen wir im Flugzeug von Düsseldorf nach Bodrum und von dort aus geht es weiter mit dem Taxi nach Muğla. Unsere Gruppe ist schnell ein eingespieltes Team. Alle helfen mit und teilen sich die anfallenden Arbeiten. Nur ich werde ausgeschlossen. Mir verordnen sie Schonung. Die Frauen können es kaum abwarten, auf dem Markt frisches Gemüse und Obst einzukaufen. Ich bin dankbar für die Eingewöhnungsphase. Ich war noch nie in der Türkei und muss mich erst an die Sprache, die ungewohnte Umgebung und die Besonderheiten des Landes gewöhnen. Beim Ruf des Muezzins zucke ich jedes Mal zusammen, so laut ist er. Unsere erste Nacht bei offenem Fenster lässt mich auf einmal senkrecht im Bett stehen. Auch nachts ruft der Muezzin zum Gebet. Die anderen scheinen davon nichts mitzubekommen, aber ich liege noch lange wach. Ich denke daran, wie unwahrscheinlich diese Reise noch vor einem Monat war, und freue mich, dass Susi wirklich auf dem Flughafen ihre letzte Zigarette geraucht hat.

Jeden Morgen sprechen wir über unsere Wünsche für den Tag. Ganz oben auf der Prioritätenliste steht ein Besuch am Strand im Golf von Gökova an der Küste des Mittelmeers. Ruhetage wechseln mit Tagen, an denen wir etwas unternehmen. Einmal besuchen wir einen Wasserfall. Die Wanderung in praller Sonne ist mühsam und ich bin froh, dass ich den Weg geschafft habe.

Am nächsten Tag bekomme ich plötzlich wieder sehr starke Kopfschmerzen. Ich bleibe im Bett, will nicht aufstehen und nichts essen. Alle machen sich Sorgen und den ein oder anderen beschleicht die Frage, ob es nicht fahrlässig war, eine am Kopf frisch operierte Frau in das entlegene Muğla mitzunehmen? Was können sie hier schon ausrichten, wenn die Kopfschmerzen nicht weggehen? Ob es ein Sonnenstich ist oder mit der Gehirnoperation in Verbindung steht? Immer wieder schaut jemand nach mir. Dann bitte ich die anderen, zusammen für mich zu beten. Am Abend vorher hatte ich ihnen alles erzählt, was ich bisher seit dem 10. Juni 2012 erlebt habe. So versammeln sie sich alle um den großen Tisch und bitten Gott gemeinsam, mir die Kopfschmerzen wegzunehmen. Eine halbe Stunde später habe ich keine Beschwerden mehr. Ich stehe auf und geselle mich wieder zu den anderen. Abends erzählen sie mir, was das für eine den Glauben stärkende Erfahrung für sie gewesen sei, dass Gott ihr Gebet so schnell erhört habe.

Als sie mir mitteilen, dass Ephesus mit dem Auto nur circa drei Stunden entfernt sei, bin ich zunächst ganz begeistert von der Idee, auf den Spuren der Bibel zu reisen. Aber dann wird doch schnell deutlich, dass dieser Ausflug für mich in der Rekonvaleszenz zu anstrengend wäre. Ich freue mich, dass ich es schaffe, die Tour nicht zu machen. Früher hätte ich es nicht ausgehalten, den Ausflug wieder abzusagen.

Am nächsten Morgen wache ich traurig auf. Irgendetwas bedrückt mich. So beschließe ich, dem nachzugehen, und bleibe zu Hause, während die anderen noch mal zum Strand fahren. Ich nehme mir ein Blatt und einen Stift zur Hand und fange an zu schreiben. Auf einmal fallen mir viele Situationen ein, in denen ich einmal verletzt wurde, sowohl in meiner Kirchengemeinde als auch in unserer Ehe und Familie.

Ich schreibe vier Seiten voll und bin selbst überrascht. Wie viele unbewältigte Dinge ich doch mit mir herumgeschleppt habe! Alleine komme ich damit nicht zurecht. Ich brauche Hilfe und bitte ein Ehepaar der Gruppe, mit mir seelsorgerliche Gespräche zu führen. Sie sind sofort bereit, mit mir meine Vergangenheit aufzuarbeiten. So ziehen wir uns in ihr Zimmer zurück und ich vertraue ihnen alles an, was ich aufgeschrieben habe. Für welche Reaktionen möchte ich Jesus um Vergebung bitten? Und welche Verletzungen möchte ich vergeben und loslassen?

Die vielen bitteren Wurzeln in unserem Leben machen uns müde, kraftlos und traurig. Schon um meiner selbst willen möchte ich vergeben. Mein Ziel ist schon lange, eine weise alte Frau zu werden. Und das wird man nur, wenn man vergibt. In der Nahe von unzufriedenen, ständig nörgelnden Frauen hält man sich nicht gerne auf. Wie gut, dass ich keine Registrierkasse mehr bin. Früher habe ich Verletzungen gesammelt wie andere Marken für Sammelhefte. Ich wusste genau, wer meinen Geburtstag vergessen oder mich nicht gegrüßt hatte, zum Teil mit Angabe von Ort und Zeit.

Aber seitdem ich versuche, an Gottes Hand durchs Leben zu gehen, habe ich den Schatz der Vergebung kennengelernt. Und so bin ich einerseits erschüttert über die vielen »Leichen«, die ich noch in meinem Herzenskeller hatte, andererseits sehr dankbar, dass sie jetzt endlich entsorgt werden konnten. Nach drei Stunden schließen wir den ersten Teil ab und vertagen weitere Gespräche auf den nächsten Nachmittag. Es tut so gut, Altlasten im Gebet an Jesus Christus abzugeben. »Vielleicht musste ich deshalb mit in die Türkei fliegen«, denke ich glücklich beim Einschlafen.

Susi hält ihr Versprechen, in der Türkei mit dem Rauchen aufzuhören. Wie schön!

Am 20. September 2012 fliegen wir wieder zurück. Alle sind froh, dass ich mich weiter erholen konnte und alles ohne größere Komplikationen verlaufen ist.

Im Flugzeug schaue ich aus dem Fenster und bin dankbar, dass ich mein Leben weiter aufräumen durfte. Manchmal muss man dafür weit wegfliegen.

# 32.
# Unkraut, ich komme

Ich freue mich auf zu Hause. Immer wieder frage ich mich, ob die vergangenen Wochen wirklich geschehen sind. Es fühlt sich so unwirklich an. Doch wenn ich an meiner rechten Kopfhälfte von der Wange aus langsam Richtung Scheitel streife, spüre ich die Narbe und die langsam sprießenden Haare. Susi ist neugierig und schaut sich die Narbe bei jedem Besuch an. Sie staunt, wie gut alles verheilt ist und gibt mir Bericht über die Länge der neuen Haare. Ganz deutlich spüre ich auch noch die Stelle, an der die Ärzte den Schädelknochen kreisrund ausgesägt haben, um ans Operationsgebiet zu kommen. Es fühlt sich wie ein Rettungsring an.

Die Abschlussuntersuchung zur Kontrolle der Abheilung steht an. Am 24. September 2012 wird erst ein EEG gemacht. Die Hirnströme werden abgeleitet, um mögliche Herde für epileptische Anfälle zu erkennen. Die Frage steht im Raum, ob ich die Antiepileptika langsam ausschleichen kann, eine wichtige Voraussetzung, um wieder Auto fahren zu dürfen.

Drei Tage später dann ein MRT mit anschließendem Gespräch mit Professor Stoffel. Wieder muss ich in die »Röhre«. Etwas nervös sitze ich im Wartezimmer. Was wird er mir sagen? Wie wird mein Leben weitergehen? Dann werde ich aufgerufen.

»Wie geht es Ihnen? Haben Sie irgendwelche Beschwerden?«, fragt der Mann, der vor drei Monaten in mein Gehirn schaute. »Ab und zu habe ich noch Kopfschmerzen. Ansonsten geht es mir gut. Aber eine Sache haben Sie mir bei den möglicherweise auftretenden Komplikationen verschwiegen. Ich kann meinen

Mund nicht mehr so weit öffnen und damit keine Bratwurst im Brötchenmantel essen. Das hat sich auch bis heute, drei Monate nach der Operation, nicht verbessert.« Herr Professor Stoffel schmunzelt: »Ja, da haben Sie recht. Das hatte ich nicht erwähnt, obwohl es öfter vorkommt. Ob Sie mir diese Informationslücke vergeben können? Wenn Sie Glück haben, wird es im Laufe der Zeit noch etwas besser.« »Ja, ich vergebe Ihnen gerne. Das ist das kleinste Übel bei allem, was hätte passieren können«, antworte ich. »Ich habe mir das MRT angeschaut. Für jemanden, der nicht weiß, dass ich ein Kavernom entfernt habe, sind die Bilder verwirrend. Man kann die Höhle noch gut erkennen, die durch die Operation entstanden ist. Jetzt muss alles umgebaut werden. Aber für mich als Neurochirurg ist der Heilungsverlauf sehr gut vorangeschritten und im Zeitplan. Von mir aus ist die Behandlung abgeschlossen und wir müssen uns auch nicht mehr sehen, da ich das Angiom ja vollständig herausnehmen konnte. Dann reduzieren Sie jetzt langsam die Antiepileptika und wenn in den nächsten zwei Wochen kein epileptischer Anfall auftritt, dürfen Sie von mir aus wieder Auto fahren.

Noch mal ein Rat für die nächsten Monate: Machen Sie langsam. Das war ein sehr großer Eingriff. Das müssen Sie nicht nur körperlich, sondern auch seelisch verarbeiten. Die Psyche hinkt oft hinterher. Also wundern Sie sich nicht, wenn Sie jetzt manchmal müde oder traurig sind, und halten Sie sich mindestens noch ein Vierteljahr mit Vorträgen zurück. Sie brauchen die Zeit, um wieder ganz fit zu werden. Oft unterschätzt man die Kosten, die so eine Krankheit einfordert.«

Wieder zu Hause, setze ich mich auf die Terrasse und schaue in den Garten. Überall blitzt mich das Unkraut herausfordernd an. Morgen werde ich mal einen Versuch mit Gartenarbeit machen.

Ein neuer Lebensabschnitt beginnt.

Eigentlich hätte ich mich jetzt auf die Vortragsreise nach Thum und Schneeberg im Erzgebirge vorbereitet. In zwei Tagen wäre es losgegangen. Aber diese Reise wurde abgesagt. Susi hätte mich wieder begleitet. Seit einem Jahr unterstützt sie mich ab und zu, spielt die Chauffeurin, übernimmt den Buchverkauf und kümmert sich um die Technik. Als Susi das erste Mal mitfuhr, erfüllte sich für mich ein Gebet. So oft hatte ich Gott damit in den Ohren gelegen, nicht immer alleine fahren zu müssen. »Jesus, du hast deine Jünger oft zu zweit losgeschickt, wenn du ihnen Aufträge gegeben hast. Warum muss ich alleine reisen? Bitte zeig mir eine Frau, die ich fragen kann, ob sie mich begleiten möchte.« So habe ich immer wieder gebetet.

Bis Ende Oktober habe ich alle Vorträge abgesagt. Ob ich die Frauenfrühstückstreffen am 9. und 10. November 2012 in Uslar auch verschieben muss? Ich bin noch nicht so weit, den Veranstaltern abzusagen. Ich hatte die Termine vor einem Jahr gemacht, aber wir hatten das Thema der Vorträge noch nicht festgelegt. Am 1. Oktober ruft die Verantwortliche für die beiden Treffen an: »Frau Horn, in fünf Wochen kommen Sie zu uns. Wir freuen uns schon sehr auf Sie und wollten Sie fragen, ob Sie einen Vortrag zum Thema ›Hauptsache gesund?‹ halten könnten.« Ich bin sprachlos und schicke ein Stoßgebet zum Himmel. »Vater im Himmel, willst du, dass ich von meinen Erfahrungen der letzten drei Monate erzähle? Ist die Zeit dazu schon reif?«

Dann antworte ich: »Das berührt mein Herz total, dass Sie sich ausgerechnet dieses Thema wünschen. Ich hatte Ihnen doch viele andere Vorträge zur Auswahl vorgeschlagen, zum Beispiel: ›Freundinnen‹, ›Vater und Mutter ehren‹ und ›Liebe, die ankommt‹. Wie kommen Sie denn ausgerechnet auf dieses Thema?« »Wir begleiten zurzeit viele Frauen mit Krankheiten und dachten, dass Sie als Ärztin dazu bestimmt viel berichten können.« Dann überrasche ich die Frau am anderen Ende der

Telefonleitung, indem ich sage: »Ich bin gerade selbst durch eine schwere Krankheit gegangen und bin noch in der Rekonvaleszenzzeit. Aber ich habe so viel mit Gott und meiner Familie erlebt, dass ich darüber gerne erzählen würde. Kann ich noch zwei Tage Bedenkzeit haben? Dann frage ich meinen Mann und meine Freundin, die mich begleiten würde, was sie davon halten.« »Das wussten wir nicht. Das tut uns leid. Natürlich bekommen Sie die Bedenkzeit, die Sie brauchen. Ich rufe in drei Tagen wieder an, wenn es Ihnen recht ist.« Gesagt, getan. Thomas und Susi finden es auch sehr merkwürdig, dass ich für das Thema »Hauptsache gesund?« angefragt wurde, ohne dass die Frauen wussten, dass ich schwer krank gewesen bin. So sage ich zu in der Annahme, dass ich in Gottes Willen handele.

In den folgenden Wochen bereite ich mich auf das Referat vor, das ich zweimal halten soll, und merke, wie emotional anstrengend die Auseinandersetzung mit dem Thema ist. Manchmal denke ich, dass ich vorher wie in einem Kokon gelebt habe, abgeschirmt vor den Gefühlen, die mich überwältigt hätten. Jetzt kommen sie ab und zu an die Oberfläche und mir wird erst richtig bewusst, durch welches Tal der Gefahr ich gegangen bin. Ich sitze am Computer und plötzlich laufen mir beim Schreiben die Tränen über die Wangen, Tränen der Dankbarkeit, Tränen, die fragen: »Ute, bist du schon ganz wieder bei dir angekommen? Bist du seelisch erschöpft wie nach einer großen Bergwanderung?« Immer wieder weine ich wie ein kleines Mädchen über die Gnade, dass ich leben darf und wieder vollständig hergestellt bin. Dann bete ich und Freudentränen suchen sich ihren Weg.

»Danke, Jesus, dass du mit mir und unserer Familie durch diese schweren Stunden gegangen bist. Danke für allen Trost. Danke für den Mut der Menschen, die mir Botschaften von dir zukommen ließen. Jede Einzelne war mir so kostbar wie eine Perle an einer Kette. Ich habe sie aufgeschrieben, damit ich sie nicht vergesse. Ich möchte sie für alle sichtbar tragen und davon erzählen, dass wir dich in allem Leid dieser Welt erleben können. Und wieder macht sich dieser Frieden in mir breit, ohne den ich nicht mehr leben möchte. Ich will mir nicht rauben lassen, was ich erlebt habe. Das passiert im Alltag so leicht.«

Schon der Psalmist fordert sich selbst auf, sich zu erinnern. Ich lese noch mal den Psalm 103 und darin besonders Vers 2: »*Mit meiner Seele will ich den Herrn loben und das Gute nicht vergessen, das er für mich tut.*« Und ich will wachsam sein. So will ich weiter beobachten, wie Gott in meinem Leben umsetzt, Seele vom Geist zu trennen. In welchen Situationen ist das wichtig? Ist es nicht eine Grundvoraussetzung, dass ich seine Stimme immer besser kennenlerne und dann aus dem Geist heraus handele und nicht seelisch reagiere?

Dann ist es so weit. Wir fahren los. Als ich ans Mikrofon trete, bin ich so überwältigt von dem Gefühl der Dankbarkeit, noch leben zu dürfen und gesund zu sein, dass ich für kurze Zeit nicht sprechen kann. Dann erzähle ich zum ersten Mal in aller Ausführlichkeit von den Erlebnissen der letzten vier Monate. Einige Frauen haben Tränen in den Augen, andere brauchen Taschentücher. Man hätte die Stecknadel fallen hören können. Als ich mich wieder hinsetze, bin ich total erschöpft.

Eine Frau erzählt mir, dass sie auch einen Gehirntumor gehabt habe. Hinterher bedanken sich viele für meine ehrlichen Worte und dass ich ihnen neu Mut gemacht habe, auf Gott zu vertrauen.

Am nächsten Morgen kommen noch mal hundert Frauen in einem schön dekorierten hellen Raum zusammen, um meinen Bericht zu hören. Wieder erlebe ich tiefe Betroffenheit und ein großes Erstaunen unter den Zuhörerinnen. Zwischendrin versagt mir ab und zu die Stimme, besonders wenn ich über meine Gespräche mit den Kindern spreche. Begreife ich jetzt, welche große Gnade ich erfahren durfte?

Die drei Stunden Rückfahrt vergehen wie im Flug. Was hatte Professor Stoffel gesagt? »Wenn Sie Glück haben, verschwindet auch das Räuspernmüssen beim Vortrag. Das Kavernom drückt auf die Gehirnteile, die für die funktionelle Versorgung der Sprechmuskeln mit Nervengewebe zuständig sind.« Es stimmt, ich habe zwischendrin nichts trinken müssen. Ich habe auch nichts vergessen. Ich kann mich gut ausdrücken und mich an alles erinnern.

»Danke, Vater im Himmel, für dieses Geschenk!«, sind meine letzten Worte, bevor mir die Augen zufallen.

# 33.
# Schatztruhe

Ich habe Schätze in meiner Krankheit gesammelt, die mir niemand mehr entreißen kann. Abschied mitten im Leben! Ich habe mein Leben mit 58 Jahren aufräumen dürfen, mir überlegt: »Wen muss ich noch um Vergebung bitten? Wem will ich noch etwas sagen? Wer braucht noch meine Vergebung?« Ich habe viel Gutes gelesen, was mich ins Nachdenken gebracht hat und mir kostbar geworden ist. Diese Zeit hat mich tief geprägt. Und der Prozess ist noch nicht abgeschlossen. Im Leid kann ich Dinge erfahren, die ich durch nichts anderes bekommen kann. Menschen werden wertvoll, Freundschaften entstehen, Beziehungen verändern sich. Ich schaue auf das Leben mit anderen Augen, bin dankbar über Kleinigkeiten. Die Abhängigkeit von anderen Menschen und ihren Fähigkeiten hinterlässt Spuren. Das bisherige Leben wird noch mal neu bewertet. Ich habe die Chance zur Veränderung.

Was hatte Daniel gesagt: »Mama, was willst du ändern, wenn du gesund aufwachen darfst?« Seine Frage beschäftigt mich jetzt. Was fange ich mit meinem neu geschenkten Leben an? Was soll sich ändern?

Ich lese eine Schrift von John Piper: »Don't waste your cancer.«[25] Ich würde es so übersetzen: »Nutze die Zeit mit deinem Krebs. Werde nicht umsonst krank, nach dem Motto: Augen zu und durch. In acht Wochen ist alles überstanden.« Mich spricht der Titel des Büchleins an, weil ich diese Gedanken auch in mir

---

[25] John Piper, Don't waste your cancer, Wheaton, Illinois, Crossway, 2011.

trage. Ich bete oft: »Herr Jesus, ich will die Lektionen lernen, die Schritte an deiner Hand gehen, die du jetzt für mich vorgesehen hast. Bitte lass mich nicht umsonst krank geworden sein. Ich will die Chance, die darin liegt, nicht verpassen.«

So überdenke ich eines Tages meine Tätigkeiten. Seit etwa zwanzig Jahren unterstütze ich die Arbeit der christlichen Pfadfinder Royal Rangers. Alle unsere Kinder waren als Teilnehmer und fünf von ihnen auch als Mitarbeiter dabei. Thomas und ich haben die Arbeit mitgetragen im Gebet, durch das Ausleihen unseres VW-Busses und durch unseren eigenen Dienst. Jahrelang war ich eines von sechs Komiteemitgliedern, die den Stamm beim Planen unterstützten. Die Arbeit ist mir über die Jahre ans Herz gewachsen. Doch kommt mir jetzt zum ersten Mal der Gedanke, dass ich meine Aufgabe in jüngere Hände legen sollte. Relativ zügig setze ich diesen ersten Entschluss um.

Nacheinander hinterfrage ich all mein Tun kritisch.

»Manche brauchen bis zu zwei Jahre, bis sie wieder im Vollbesitz ihrer Kräfte sind«, hatte der Professor gesagt, »versuchen Sie, auf Ihren Körper zu hören. Es nutzt niemandem etwas, wenn Sie zu früh und zu schnell wieder hundert Prozent Leistung zu bringen versuchen.«

Der Vortrag von Margot Käßmann im Oktober 2011 in Krefeld kommt mir auf einmal in den Sinn. Sie sprach davon, dass wir als ganze Gesellschaft im Burn-out landen und bald nur noch Alltag hätten, wenn wir den Sonn- und Feiertag nicht mehr heiligen würden.

Diese Aussage traf mich und jetzt wurde ich wieder daran erinnert. Wie oft habe ich am Sonntag Wäsche gewaschen, geputzt, im Internet eingekauft, geschäftliche E-Mails beantwortet oder Vorträge ausgearbeitet? Ein Mann sagte mir einmal: »Ute, stell dir vor. Ich bekomme von meinem Chef E-Mails, die er nachts um 3 Uhr abschickt. Soll ich ihn dafür achten? Das ist doch krank. Den kann ich mir doch nicht zum Vorbild nehmen.« Ich spüre, dass ich eine Entscheidung treffen muss. Das hat die Generation vor uns besser gemacht. Meine Eltern haben sich immer am Sonntag ausgeruht. An diesem Tag ging man in die Kirche und ansonsten verbrachte man ihn mit der Familie oder Freunden. Gott hat sich etwas dabei gedacht, dass er uns einen Ruhetag geschenkt hat. Er ist ein Geschenk und ein Gebot Gottes. Kann ich überhaupt noch alle Geschäfte an einem Tag ruhen lassen?

Darin möchte ich mein Leben ändern. Ich möchte mich am Sonntag wieder ausruhen.

An den nächsten Sonntagen entdecke ich Spaziergänge, Ausflüge in die nächste Stadt, das Lesen eines Buches, Begegnungen mit Freunden. Ich gönne mir wieder, Verabredungen mit der Couch oder dem Liegestuhl zu haben, und merke, wie gut es mir tut. Wie lange habe ich meinen Garten nicht mehr genossen, habe immer nur Unkraut gerupft, Blätter gekehrt und Büsche gestutzt? Menschen rücken wieder mehr in meinen Fokus und nicht nur meine Arbeit.

Dabei entdecke ich auch Schwachstellen unserer Ehe. Wir lieben beide unsere Aufgaben und tun uns schwer mit Faulenzen. So bestärken wir uns gegenseitig eher im Tätigsein. Keiner fordert den anderen auf, mit der Arbeit Schluss zu machen. Jeder findet immer noch etwas, was man noch erledigen könnte. Wir müssen uns das richtig vom Verstand her vornehmen, zu einer bestimmten Uhrzeit Pausen einzulegen oder einen Schlussstrich zu ziehen.

Doch ich will es lernen, mehr auf mich und uns aufzupassen. Ich frage mich nun manchmal, was mir guttun würde, und freue mich, dass ich mich mehr wahrnehme.

Ohne dass ich es aktiv in Angriff genommen hätte, wird mir nun nach der Operation immer wieder gesagt, dass ich weicher geworden sei. Das erfreut mich und ich bin neugierig, wie sich das im Miteinander auswirken wird, und hoffe inständig, dass diese Veränderung auch bleibt, wenn ich wieder voll im Alltag integriert bin.

Noch etwas ist mir aufgefallen. Ich lasse mich nicht mehr so leicht verletzten. Vor Kurzem entdeckte ich ein Angebot, einen 14-tägigen Holländischkurs in den Schulferien zu besuchen. Da ich schon seit Längerem auf dem Herzen hatte, diese Sprache zu erlernen, meldete ich mich sofort an. Als ich meinem Mann abends davon erzähle und eigentlich denke, dass er stolz auf mich sein wird, sagt er nur: »Ja, du hast eben immer Urlaub, während ich arbeiten muss. Das würde ich auch gerne tun.« Früher hätte ich geantwortet. »Soll ich dir jetzt sagen, dass ich meine Karriere für unsere Familie geopfert habe? Ich hätte auch das Zeug zur Oberärztin gehabt.« Dann hätte er gekontert: »Soll ich dafür ein Leben lang Vorhaltungen von dir hören?« Schon wären wir aus der Streitspirale nicht mehr herausgekommen. Nun konnte ich einfach sagen: »Thomas, weißt du, was ich mir jetzt von dir gewünscht hätte? Einfach, dass du mir gesagt hättest: ›Das gönne ich dir.‹«

Ich war über mich selbst überrascht. Ich war nicht verletzt und schlug nicht zurück. Es scheint zu stimmen, dass ich sanfter geworden bin.

# Nachklang

Anfang 2013 sind Thomas und ich zum Abendessen bei einem Ehepaar eingeladen. Wir sind mit Abstand die Jüngsten. Als wir eigentlich schon gehen wollen, sagt unser 75-jähriger Gastgeber auf einmal. »Na ja, wir beschäftigen uns schon mal mit dem Altwerden und Sterben, aber das ist ja für Sie noch viel zu weit weg. Da können Sie bestimmt noch nichts mit anfangen.« Daraufhin meint Thomas: »Ich glaube nicht, dass jemand von Ihnen näher am Tod war als meine Frau am 26. Juni 2012.« Und er fängt an, ihnen von meiner Erkrankung zu erzählen. Die vier anderen hängen an seinen Lippen und können es nur schwer glauben, weil sie mich an diesem Abend so quicklebendig erlebt haben.

Thomas kommt noch auf die Jahreslosung von 2013 zu sprechen: »›Denn wir haben hier keine bleibende Stadt, sondern die zukünftige suchen wir‹ (Hebräer 13,14). Wir wissen nicht, wie lang unser Leben sein wird und wer von uns als Erster sterben wird. Ich wünsche mir, dass wir alle hier am Tisch wissen, wohin wir nach dem Tod gehen werden.« Die vier bedanken sich für den Bericht: »Ihre Erfahrungen haben unseren Glauben sehr gestärkt. Wie wunderbar, dass man auch heute noch Gott so stark erleben kann. Die Geschichte mit der Raumpflegerin ist wirklich sehr beeindruckend, aber auch, wie Sie Ihre Kinder in den Prozess mit einbezogen haben.«

Glauben scheint in Deutschland ein Thema zu sein, über das man nicht spricht. In der Bibel werden wir aufgefordert, Gottes Zeugen zu sein. Ein Zeuge muss nicht mehr tun, als das zu erzählen, was er erlebt oder gesehen hat. Ich wollte Sie an dem Weg teilhaben lassen, den Gott mit mir gegangen ist und der mich bis heute ins Staunen versetzt. Brauchen wir nicht viel mehr Gespräche über das, was jeder Einzelne mit Gott erlebt?

Am Ende des Abends fühlen wir uns alle reich beschenkt, dass wir dieses Tabu gebrochen haben.

Es war ein Weg der Gnade, dessen bin ich mir bewusst. Ich wünsche mir, dass es Sie berührt hat und Ihnen Hoffnung schenkt, an Gottes Hand weiterzugehen oder diese sogar erstmals zu ergreifen. Mögen Sie viele aufbauende Erfahrungen mit ihm machen und Ihre eigene Schatztruhe füllen.

In meinem Leben gilt der Satz: Nicht »Hauptsache gesund«, sondern »Hauptsache an seiner Hand«.

*Gottes Segen*
*Ihre Ute Horn*

**Gottes Segen**

Gott segne dich mit Frieden,
wenn das Leben plötzlich stehen bleibt.

Gott segne dich mit Menschen,
die dich auf schweren Wegen begleiten und trösten.

Gott segne dich mit Weisheit,
notwendige Entscheidungen zu treffen.

Gott segne dich mit Dankbarkeit,
die Oasen in der Wüste zu entdecken.

Gott segne dich mit Versöhnungsbereitschaft,
damit Beziehungen heil werden.

Gott segne dich mit Gewissheit,
dass der Tod nur ein Tor zur Ewigkeit ist.

*Ute Horn*

# Dank

Danke, Thomas, dass du meine Hand bis heute nicht losgelassen hast.

Danke, Christine, Andreas, Daniel, Josua, Marcel, Pascal, Benjamin und Nicole, dass ihr gekommen seid, als ich euch am Nötigsten brauchte. Danke für euer Einverständnis, dass ich so viel Persönliches aus den Gesprächen mit euch veröffentlichen darf.

Danke, Thomas und allen Kindern, dass ihr das Buch mit so viel Freude und Engagement lektoriert habt. Eure Verbesserungsvorschläge machen es zu einer Familienproduktion.

Danke, Andreas, dass du das Vorwort zum Buch geschrieben hast. Es berührt mein Herz, dass du dich dieser Aufgabe als erstgeborener Sohn und Arzt gestellt hast.

Danke, Robert, Judit und Michelle, als Freunde unserer Kinder, dass ihr mir und meinen Kindern in der schweren Zeit eine große Stütze wart.

Danke, Uschi, dass du mich zu Hause immer vertrittst, sodass ich mir keine Sorgen machen muss.

Danke, Susi, dass du mir so viele Wünsche von den Augen abgelesen hast.

Danke, Herr Professor Stoffel, dass Sie all Ihr Wissen und Können eingesetzt haben, um an meiner Heilung mitzuwirken. Danke auch, dass Sie das Buch lektoriert und auf wissenschaftliche Genauigkeit hin überprüft haben.

Danke allen, die den Mut hatten, mir mitzuteilen, was sie glaubten, von Gott für mich empfangen zu haben.

Danke allen, die sich an dem Buch beteiligten, indem ich ihre Mitteilungen veröffentlichen darf.

Danke, Sarah, dass du das Manuskript mit großer Hingabe und Feingefühl lektoriert hast.

Danke, Denise, dass du als Niederländerin einige Fehler entdeckt hast, die tatsächlich schon viele Deutsche übersehen hatten.

Danke, Frau Uta Müller von SCM, dass Sie als meine Lektorin mit mir wegweisende Gespräche geführt, an das Buch geglaubt und mich kompetent begleitet haben.

Danke allen, die für mich gebetet haben in nah und fern.

Danke allen, die sich auf den Weg zu mir machten.

Danke allen, die mich beschenkten in Wort und Tat.

Danke, Vater im Himmel, für die vielen Erfahrungen, die ich während der Krankheit mit dir machen durfte. Danke, dass du dich uns Menschen in Jesus Christus gezeigt hast und bis heute zeigst, und danke für den Heiligen Geist, der auf unserer Erde ist, um uns zu lehren, den Weg an Gottes Hand vertrauensvoll zu gehen.

# Weitere Bücher von Ute Horn

**Ute Horns Bücher bei SCM Hänssler**
- Ute Horn / Daniel Horn, Baustelle Erste Liebe für Teens, Holzgerlingen, SCM Hänssler, 5. Auflage, 2013
- Ute Horn, Leise wie ein Schmetterling, Holzgerlingen, SCM Hänssler, 7. Auflage, 2013
- Ute Horn, Vater und Mutter ehren?, Holzgerlingen, SCM Hänssler, 1. Auflage, 2011

**Bei der Autorin (t.u.horn@web.de) sind weiterhin folgende Bücher zu beziehen:**
- Ute Horn, Freundinnen, Holzgerlingen, SCM Hänssler, 2. Auflage, 2012
- Ute Horn, Meine Krise – Gottes Chance, Holzgerlingen, SCM Hänssler, 3. Auflage, 2012
- Ute Horn, Treue für ein Leben, Holzgerlingen, SCM Hänssler, überarbeitete Neuauflage, 2009

**Ute Horns Bücher beim DIP3 Verlag**
- Ute Horn, Winfried Hahn, Baustelle Erste Liebe – Mit Teenagern über Freundschaft, Liebe und Sexualität sprechen, A-4073 Wilhering, dip3 Bildungsservice, 4. Auflage 2013
- Ute und Thomas Horn, Zwei unter einer Decke – Das Geheimnis erfüllter Sexualität, A-4073 Wilhering, dip3 Bildungsservice, 2. Auflage 2013
- Ute Horn, Mutig mit den Kindern wachsen, A-4073 Wilhering, dip3 Bildungsservice, 2. aktualisierte Auflage 2014
- Ute Horn, Sehnsucht, Sex und frommer Frust, A-4073 Wilhering, dip3 Bildungsservice, 2. aktualisierte Auflage 2014

# Family

PARTNERSCHAFT GENIESSEN. FAMILIE GESTALTEN.

## Partnerschaft genießen.
## Familie gestalten.

**Impulse für die Ehe:** family bietet Grundlagen für starke Ehen und Praxistipps für das Leben zu zweit.

**Familienkompetenz:** Eltern geben ihre Erfahrung weiter. Heiße Erziehungs-Themen werden diskutiert, Fragen beantwortet. family lädt ein, Persönlichkeit zu entwickeln und als Familie mit Gott zu leben.

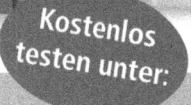

Kostenlos testen unter:

family erscheint 6 mal im Jahr. Ein Abonnement erhalten Sie in Ihrer Buchhandlung oder unter

www.bundes-verlag.net
Tel. (D): 02302 93093-910 · Tel. (CH): 043 288 80 10
Fax (D): 02302 93093-689 · Fax (CH): 043 288 80 11

**SCM**
Bundes-Verlag

**www.family.de**